分工与融合视角的
现代农业发展研究

王永龙　著

中国社会科学出版社

图书在版编目(CIP)数据

分工与融合视角的现代农业发展研究/王永龙著.——北京:中国社会科学出版社,2012.8

ISBN 978-7-5161-0522-1

Ⅰ.①分… Ⅱ.①王… Ⅲ.①现代农业—农业发展—研究—中国 Ⅳ.①F323

中国版本图书馆 CIP 数据核字(2012)第 016730 号

出版策划	任 明	
特邀编辑	乔继堂	
责任校对	王雪梅	
责任印制	李 建	

出 版	中国社会科学出版社	
社 址	北京鼓楼西大街甲 158 号 (邮编 100720)	
网 址	http://www.csspw.cn	
	中文域名:中国社科网	010-64070619
发 行 部	010-84083685	
门 市 部	010-84029450	
经 销	新华书店及其他书店	

印 刷	北京奥隆印刷厂	
装 订	北京市兴怀印刷厂	
版 次	2012 年 8 月第 1 版	
印 次	2012 年 8 月第 1 次印刷	

开 本	710×1000 1/16	
印 张	12.75	
插 页	2	
字 数	200 千字	
定 价	48.00 元	

凡购买中国社会科学出版社图书,如有质量问题请与本社联系调换

电话:010-64009791

目　录

第一章 绪论

第一节 选题的现实背景和意义

一 产业融合是产业经济理论研究的新课题

按照传统产业理论的界定,"产业"是生产同类或具有密切替代关系的产品或服务的企业的集合。产业边界明晰一直是产业经济理论研究和产业政策制定的前提,不同产业之间存在着进入、退出的技术壁垒和政策壁垒。但是20世纪90年代以来的产业发展实践表明,随着科技革命的快速进步和企业跨行业、跨地区的兼并重组,原来明晰的产业边界日趋模糊。产业融合作为一种突破传统范式的产业创新方式,促进了全新的融合型产业体系的形成。产业融合作为产业发展演化的趋势之一,在为经济发展提供新的范式和路径的同时,也对传统的产业分类和产业组织理论提出了新的课题。对产业融合问题的深入研究,不仅是经济发展实践的客观要求,也是产业经济学理论体系进一步发展和完善的客观要求。

二 现代农业是我国农业的发展方向

"三农"问题是我国经济社会发展的"重中之重",建设社会主义新农村是我国现代化进程中的历史任务。发展现代农业是繁荣农村经济、发展农村生产力、增加农民收入的源泉,是建设社会主义新农村的产业基础和首要任务，是以科学发展观统领农村工作的必然要求和我国农业发展的方向。《中共中央关于制定国民经济和社会发展第十一个五年规划的建议》中强调，要"推进现代农业建设"。从 2004 年到 2010 年，中共中央、国务院连续发布了 7 个"一号"文件，分别从促进农民增收、提高农业综合生产能力、推进新农村建设、发展现代农业、加强农业基础建设、统筹城乡发展等方面共同形成了加强"三农"工作的政策体系，现代农业的发展处于这个政策体系的核心地位。党的十七大报告中明确提出把发展现代农业、繁荣农村经济作为首要任务，强调加强农业基础地位，走中国特色农业现代化道路。

现代农业的发展不但是解决"三农"问题的根本路径，也是国民经济现代化的内在要求。中国农业特殊的资源禀赋条件和现阶段较低的发展水平，决定了中国的农业现代化道路既要遵循世界农业现代化的一般发展规律，又要从现实国情出发，扬长避短，因地制宜，走有中国特色的农业现代化道路。2007 年《中共中央国务院关于积极发展现代农业、扎实推进社会主义新农村建设的若干意见》中指出，要用现代物质条件装备农业，用现代科学技术改造农业，用现代产业体系提升农业，用现代经营形式推进农业，用现代发展理念引领农业，用培养新型农民发展农业，这既是对现代农业内涵的总结，也是现阶段推进我国现代农业发展的总体思路和指导方针。

关于农业现代化的推进战略，可以从不同的角度去构建。从农业生产技术现代化的角度，可以提出"科技兴农"战略；从农业发展的物质装备和生产方式改进的角度，可以提出"农业工业化"战略；从国民经济信息化角度，可以提出"农业信息化"战略；从农业市场化程度提高、经营方式、组织制度改进、产业效益提高的角度，可以提出"农业产业化经营"战略，等等。但是上述任何一种战略的推进，都不能采取单兵突进的方式。发展现代农业是一个复杂的社会经济系统工程，因此，需要从系统建设的角度，强调整个社会产业体系对农业的生产技术、生产方式、组织管理、发展理念等方面全面、系统、综合性地融入、渗透和提升。

产业融合作为一种全新的产业发展范式，为现代农业的发展提供了新的思路：从技术上看，现代科学技术对农业的渗透融合，催生了以基因农业、数字农业为代表的技术密集型农业，使农业的增长方式从单纯依靠资源的外延开发，转到主要依靠提高资源利用率和持续发展能力上来；从功能上看，旅游休闲、文化教育、能源化工、医药保健等产业与农业的交叉融合，大大拓展了现代农业的功能和形式，形成新的现代农业产业体系；从农业的产业内涵来看，农业产业链的构建和整合，使传统农业产业领域从产中的种养环节扩展到产前、产中、产后的全部生产经营过程，现代农业成为第一、二、三产业融合发展的"大农业"产业体系。在"以工补农、以城带乡、统筹城乡经济社会发展"的背景下，深入研究产业融合的内在机理，分析以产业融合推进我国现代农业发展的内在逻辑和可行路径，具有重大理论和现实意义。

三 产业融合是现代农业发展的必然规律和基本路径

从目前的研究进展来看，产业融合理论较少应用于农业发展的分析。这一方面是因为"产业融合"理论本身的信息化烙印，另一方面也是因为我国农业的低发展水平与信息化高新技术产业的高成长性之间的巨大产业落差。但正是这种巨大的产业落差提示了农业产业融合的必要性、紧迫性，也蕴藏着产业融合的创新效应在推进现代农业发展中的巨大产业空间。随着产业融合理论的不断拓展，产业融合理论将越来越被用于更广泛的产业经济领域。尝试分析产业融合的内在机理并将其应用于农业发展领域，不但会扩展和进一步完善产业融合的理论体系，而且会提高产业融合理论指导产业经济发展的适用性，这是对产业融合理论的一种深度运用和发展，也是一种创新。

实际上，即使撇开产业融合理论的信息化烙印，产业融合所强调的产业技术融合、产品改进、价值增值、市场创新、管理改进和结构优化的复合经济效应，对农业发展领域也具有广泛的适用性。我国传统农业之所以"传统"，是因为农业长期以来的低市场化的自给自足性、低投入产出循环的封闭性和孤立发展、低产业联系的产业、城乡分割性。改造传统农业，就是要在市场化的基础上，通过农业外部的产品投入、技术引进和经营管理创新，打破农业低投入产出循环的封闭性，通过其他产业的组织制度和发展理念对农业的渗透，改变农业的产业分割性，通过产业链的延伸，重构农业与国民经济各产业之间的关联性，使农业融入良性循环、互动发展的现代国民经济产业体系中来。农业现代化的过程就是农业与现代科学技术之间、农业内部子产业之间、农业与工业、服务业之间互动融合发展，并逐步达到产业结构优化升级的过程。以产业融合推进现代农业发展，就是要发挥多产业融合的复合经济效应，改变农业原有的产业弱质性，从农业产业理论创新、农业生产经营制度改革、农业产业幅度扩展、农业产业空间扩展、农业产业链的构建、农业支持体系建设等层面提升农业的产业地位，使农业真正成为现代国民经济产业体系中平等的一员。现代农业的发展过程，即是农业的产业融合化发展过程。

本书试图将产业融合的内在机理和现代农业发展的实践相结合，丰富产业融合的理论内涵，扩展产业融合的理论体系并使其具有更广泛的产业适用性；同时，从产业融合的视角探讨我国现代农业发展的战略机制和具体路径，并提出相关的政策建议。

第二节　国内外学者的研究综述

一　国内外学者关于产业融合理论的研究综述

20 世纪 80 年代末 90 年代初，国外学者就开始了对产业融合问题的研究。国外学者最早是从技术角度研究计算机业、电信业、广播电视业和出版业之间的产业融合现象，并从具体的案例分析中抽象出产业融合的概念。英国学者塞海尔（Sahal，1985）和意大利学者多西（Dosi，1988）认为，产业融合起始于产业之间的技术关联，某一种技术范式向不同的产业扩散，促使这些产业出现技术创新。1997 年欧洲委员会"绿皮书"（Green-Paper）将产业融合定义为"产业联盟和合并、技术网络平台和市场等三个角度的融合"。尤弗亚（Yoffie，1997）将产业融合定义为"采用数字技术后原来各自独立产品的整合"，企业若实现融合必须采取全新的技术战略和企业发展战略。他还提出了一个 CHESS 模型，该模型主要用于在位企业和创业企业。以数字融合为基础，美国学者格里斯坦和卡恩纳（Greenstein and Khanna，1997）则认为，产业融合是"为了适应产业增长而发生的产业边界的收缩或者消失"，这个定义局限于以互联网为标志的计算机、通信和广播电视业的融合。日本学者植草益（2001）认为，"产业融合就是通过技术革新和放宽限制来降低行业间的壁垒，加强行业企业间的竞争合作关系"，这个定义是从产业融合的原因及结果两方面来解释产业融合的意义。特别值得注意的是，他在对信息通信业的产业融合进行研究后指出，不仅信息通信业，实际上，金融业、能源业、运输业的产业融合也在加速进行之中。他的预测为产业融合研究领域的扩展打下了基础。

国内学者对产业融合现象的关注，起始于于刃刚 20 世纪 90 年代末对从三次产业分类的角度对产业融合趋势的研究。此后我国学者对产业融合理论的研究，主要都集中在信息产业领域或以信息化为背景而展开。张磊在《产业融合与互联网管制》（2001）一文中从技术的角度分析了信息业的产业融合现象。卢东斌（2001）强调，产业融合是高新技术及其产业作用于传统产业，使得两种（或多种）产业合成一体，逐步成为新的产业。在这里，产业融合的视野已经明确扩展到"传统产业"领域，并强调高新技术在产业融合中的动力作用。厉无畏在《产业发展的趋势研判与理性思考》（2002）一文中认为产业融合是国际产业发展的主要趋势之一。马健（2002）将产业融合的含义表述为："由于技术进步和放松管制，发生在产业边界和交叉处的技术融合，改变了原有产业产品的特征和市场需求，导致产业的企业之间竞争合作关系发生改变，从而导致产业边界显得模糊化甚至重划产业界限。"① 这一含义从技术进步和放松管制的角度强调了产业融合的内因和外因，揭示了产业融合在企业产品、市场层面上的表现和产业之间关系的变化，并使产业融合的领域进一步泛化。

周振华提出，"产业融合是在信息化进程中发生的一种新经济现象。随着信息技术的发展及广泛运用，特别是互联网的成熟，于 20 世纪 90 年

---

① 马健：《产业融合理论研究评述》，《经济学动态》2002 年第 5 期。

代首先在电信、广播、电视和出版部门出现的固定化产业边界的模糊与消失的融合现象。"① 在其专著《信息化与产业融合》中，周振华以信息化为背景，全面、深入、系统地分析了信息化进程中的产业融合问题。他从电信、广播电视和出版三大产业融合过程的案例分析中，得出了产业融合是对传统工业化条件下产业分立的否定这一重要结论。在对产业融合的发生条件和背景、内在推动力、产业结构条件进行分析的基础上，周振华认为信息技术的发展是产业融合的内在推动力，产业融合是经济发展的新动力，具有促进产业结构高度化、合理化的功能，具有推动经济社会发展的巨大潜力。通过对产业融合的资源要素基础、技术基础、运行平台基础的检验，周振华认为信息化进程中的产业融合具有向更广阔的产业领域拓展的内生能力并通过模型具体分析了产业融合拓展化的基本过程，认为产业融合拓展化意味着传统产业边界模糊化和经济服务化趋势，意味着产业间新型的竞争协同关系的建立，意味着更大的复合经济效应的产生。信息化进程中的产业融合不但对传统的产业关联、市场结构、公司结构和空间结构带来新的变革，而且要求新的产业分类方法。周振华建立了产业融合下的新的产业分类标准，把国民经济产业部门分为物质产业部门、位置产业部门和内容产业部门，并将这种分类方法试验性地应用于上海新型产业体系的构建。他分析了产业融合下的创新性质、创新模式和创新体系，提出了适应产业融合的管制模式和政策调整构想。关于信息化进程中的产业融合和新型工业化道路的关系，周振华认为信息化存在着与工业化在产品、生产经营和产业等多层面的融合性。

朱瑞博（2003）分析了价值模块环节和价值模块整合模式与产业融合的关系，认为价值模块是产业融合的载体。厉无畏（2003）认为，所谓产业融合是指不同产业或同一产业的不同行业，通过相互渗透、相互交叉，最终融为一体，逐步形成新产业的动态发展过程，其特征在于融合的结果出现了新的产业或新的增长点。高新技术及其产业的作用是产业融合发展的强大助推器，$1+1>2$ 的生产效率和较高的经济效益，则是产业融合发展所追求的目标。这一含义从产业内部和产业外部将产业融合的概念

---

① 周振华：《信息化进程中的产业融合研究》，《经济学动态》2002 年第 6 期。

扩展到最广泛的领域，并描述了产业之间融合的具体作用方式，产业融合的具体结果不但包括新产业的出现，也包括新的增长点。这里仍然强调高新技术的作用，但是高新技术的作用不再是产业融合的唯一因素，以生产效率、经济效益、复合效应为目标的产业融合，既可以发生在高新技术产业内部、高新技术产业和传统产业之间，也可能发生在传统产业内部、传统产业之间。郭铁民（2005）认为，产业融合是多方面因素共同起作用的结果，产业融合往往催生新的产业，这其实是一个产业形成和发展的过程，强调产业结构、产业关联、产业布局、产业组织与产业政策诸环节在产业融合过程中的共同作用和影响。①李美云（2006）研究了服务业跨产业融合的不同形式；韩小明根据产业融合发生的路径，把产业融合划分为两种类型：（1）基于产出方式进化的产业融合；（2）产业分工内部化的产业融合。于刃刚等人（2006）则将产业融合的研究领域从信息产业扩展到金融业、物流业、能源业等产业部门，并总结了发达国家在以上产业领域内的技术、企业策略和规制政策的相应变化，提出了中国经济在产业融合趋势中的对策和建议。

胡永佳（2007）从分工角度对产业融合现象进行探讨，提出产业融合是产业间分工的内部化，产业间分工转变为产业内分工的过程和结果。他将产业融合发生的原因归结为对经济效益的追求，认为政府规制政策的放松和不同产业的资产体系能够兼容和通用是产业融合发生的两个条件。

二　国内外学者关于现代农业发展的研究综述

关于农业的不同发展阶段，国内外学者比较一致的看法是"三分法"，即农业发展史可以划分为原始农业、传统农业和现代农业。世界发达国家的农业基本上都进入了现代农业阶段，而发展中国家的农业正处于传统农业向现代农业转变的时期，因此发展中国家的学者出于现实的需要，对现代农业的内涵、特点和建设现代农业的途径，进行了较多的探索

---

① 郭铁民：《产业融合与走新兴工业化道路的新认识》，《东南学术》2005 年第 1 期。

和研究。

关于农业技术创新的理论可以看做是国外现代农业理论研究的组成部分。1971 年，鉴于从传统农业向现代农业的转化起决定性作用的是农业技术的进步，因此速水佑次郎和拉坦提出了著名的速水佑次郎—拉坦模型。该模型认为，一个社会可以利用多种途径来实现农业的技术变革。"由无弹性的土地供给给农业发展带来的制约可以通过生物技术的进步加以消除。由无弹性的劳动力供给带来的制约则可通过机械技术的进步解决。"① 他们建立的由资源禀赋、技术状况、文化禀赋、制度所组成的诱致性创新发展模式表明：具有不同要素禀赋的国家应该有不同的农业增长道路，劳动力丰富而土地资源贫乏的国家应该走生物和化学技术进步的道路，劳动力稀缺而土地面积相对丰富的国家应该走机械技术进步的道路。这一模型的重要意义在于认识到了把发达国家的农业技术直接移植到发展中国家可能会导致高度无效率的增长。这一观点，对发展中国家现代农业建设的技术路线选择，具有十分重要的现实意义。

20 世纪 90 年代中后期以来，随着"三农"问题的日渐突出和国家发展农业的战略性举措的出台，我国学者对现代农业的研究得到进一步深化。大多数学者以现代化理论为基础，结合农业的特点，从过程和结果两方面对农业现代化的内涵进行界定。

从过程方面看，孔祥智（1999）认为，农业现代化是一个世界性的大趋势，农业现代化的过程就是由传统农业向现代农业转变的过程。丁泽霁、杜志雄（2001）认为，农业现代化是传统农业过渡到现代农业的多层面演进过程。农业部农村经济研究中心课题组提出，农业现代化不仅仅是一个现代生产要素引入或技术进步的过程，同时更是一个要素优化配置的过程或制度创新的过程（康芸、李晓鸣，2000）。

从结果方面看，王兴录（1999）认为，农业现代化是农业生产力发展水平的综合体现，农业现代化即指发达的现代农业或现代农业的更高层次。安晓宁（2000）将农业现代化定义为现代化的农业生产力与现代化

① ［日］速水佑次郎、［美］弗农·拉坦：《农业发展的国际分析》，郭熙保译，中国社会科学出版社 2000 年版。

的农业生产关系的总和。王家梁（1992）认为，农业现代化主要是指农业作为一个地域的产业部门整体地现代化并体现出高效益，它是一种具有社会、经济和科学技术综合意义的现代化。黄祖辉等人（2003）认为，农业现代化是通过科学技术的渗透、工业部门的介入、现代要素的投入、市场机制的引入和服务体系的建立，用现代工业装备农业、现代科技改造农业、现代管理方法管理农业、健全的社会化服务体系服务农业，使农业在形态上成为世界先进水平的现代农业。石元春（2003）认为现代农业是正在拓展中的一种多元化的新型产业，以生物技术和信息技术为先导的现代科技和贸工农一体化的生产经营方式，正推动着现代农业由单一的初级农产品生产，向着以生物产品生产为基础的农产品加工、医药、生物化工、能源、观光休闲等领域拓展，传统的一、二、三产业界线将趋于模糊。卢良恕（2006）将现代农业的内涵概括为以科学技术为强大支柱、以现代工业装备为物质条件、以产业化为重要途径、以统筹城乡经济社会发展为基本前提。

蒋和平（1997）强调高新技术在建设现代农业过程中的应用，对高新技术改造传统农业的技术体系、运行机制、农业高新技术的创新、传递、选择作了全面的研究和总结，他利用多级指标综合指数分析方法，对中国农业现代化发展水平进行了定量综合评价（2005）。尹成杰（2007）、孙旭（2008）研究了现代农业的多功能性，并提出了拓展现代农业功能的相关建议。王学真（2006）分析了农业国际化对农业现代化的影响，认为农业国际化从农业技术进步、结构升级优化、农业市场化和现代农业组织建立等方面促进了现代农业的发展。

在如何建设现代农业方面，胡培兆（2006）认为我国应该走机械化大农业与园艺化小农业相结合的生态农业道路：在发展机械化大农业的同时，扶持和鼓励发展劳动密集型的园艺小农业，重建农业循环经济，在西方国家普遍实行现代化大农业的情况下，我国积极发展精耕细作的园艺型绿色农业，可以赢得比较优势和竞争优势。倪景涛和李建军（2006）、常婕（2007）、杨冬民和杨文选（2007）、卢荣善（2007）等人认为荷兰、美国、日本等国现代农业建设的经验，为我国现代农业建设提供了参考和借鉴。许经勇和张志杰（2001）、关付新（2005）、党国英（2006）从制度和组织创新的角度，对我国现代农业发展过程中的家庭承包经营制度进行了分析，提出了稳定农业土地制度、适度规模经营、发展农民合作组织的重要性。程恩富（2007）研究了我国现代农业建设过程中集体产权制度的完善问题。张晓山（2007）提出在坚持我国农业基本经营制度的前提下，走提高劳动生产率的内涵式规模经营道路。孙峰（2007）则提出建立科技、制度和农民"三位一体"的现代农业发展体系。

通过以上对我国学者关于现代农业研究进展的综述，可以发现尽管对现代农业的内涵和特点的表述不尽相同，但学者们都强调了以下几点：现代科技在现代农业建设中的核心作用，贸工农一体化的产业化生产经营方式，农业内涵的扩展和农业功能的多样化，可持续的生态农业。在现代农业发展的具体路径选择上，学者们一致强调立足于我国人多、地少、小规模分散化的家庭经营等现实条件，走有中国特色、符合我国国情的农业现代化道路的重要性。

三　农业产业融合的研究综述

由于农业的产业特性和我国农业较低的发展水平，在国内学者关于产业融合的研究中，农业领域没有成为产业融合理论研究的重点。即使有所涉及，其研究也相对比较泛化，多见于在对产业融合分类时所涉及高新技术对农业的渗透融合、农业内部子产业之间的重组融合以及农业与旅游产业的融合等。

于刃刚（1997）在对传统三次产业分类与产业融合趋势分析中，认为随着农业产业化的发展，第一产业加快了同第二、第三产业的融合。在自给自足的自然经济条件下，农业相对独立，划定三次产业的界限也比较清楚。随着现代市场经济的发展和生产力水平的提高，农业与加工工业、服务行业出现了加速渗透融合的趋势。周振华（2003）从信息化的角度认为数字技术在产业领域的广泛运用所构建起的互联互通的数字化信息流和服务流平台，大大突破了曾经分割不同行业的障碍，促进产业间的渗透与交叉。在新型工业化中，农业发展本身有一个通过现代农业技术的发展和农业服务体系的建立，加快农业与加工工业、服务业的互补融合的产业化任务。郭铁民（2005）从产业分化与融合的角度，分析了现代农业在分工的基础上，基于生物链整合而形成的生态农业和农业生产、加工、销售、服务一体化而发展起来的农业生产综合服务体系，并提出产业的高度分工与高度融合往往催生出新的产业形态。何立胜、李世新（2005）指出农业产业横向一体化经营是农业产业融合的前提，标准化农业与农产品加工，观光农业、生态农业、数字化农业是产业融合催生的新的农业形态。王听坤（2007）认为产业融合体现了农业产业化的新内涵，从广义的角度把农业产业融合界定为发生在具有紧密联系的产业或同一农业产业内部不同行业之间，原本各自独立的产品或服务在同一标准元件束或集合下，通过重组完全结为一体的整合过程。他将农业产业融合划分为产业间融合和产业内融合两种类型。

从目前关于农业产业融合的研究，可以看出国内学者对农业产业融合的研究比较集中于两点：第一，产业融合所催生的新形态农业，扩展了传统农业的功能和产业发展；第二，产业融合在农业领域最集中的体现就在于农业生产、农产品加工、农产品销售一体化经营过程中一、二、三产业的融合发展，即：产业融合赋予农业产业化经营新的内涵。

第三节　本书的研究思路、结构框架和研究方法

一　本书的研究思路

对经济理论的研究源于经济发展的实践，如果要使某种理论更具有现实指导意义，就需要从特定的产业发展领域中总结这种理论的内在机理、发展趋势和一般规律，并使其具有更大范围的产业适用性。实际上，不论是产业融合的现实发展，还是有关产业融合的理论研究，都有一个从点到面、从个别到一般的扩展态势。本书的研究，即是遵循这样一种研究路径：总结产业融合的基本规定性，并将其从特定的发生领域（比如信息产

业）扩展到由第一、二、三产业构成的国民经济系统中，扩展到第一、二、三产业的具体产业实践中。

在本书的研究中，产业融合的技术进步效应、结构优化效应被应用于农业产业体系的扩展和深化。产业融合的企业战略创新效应被应用于现代农业的生产经营体制构建，产业融合的复合效应和网络效应被应用于农业产业链的整合，等等。总之，要使产业融合作为一种产业创新为我国现代农业的建设提供新的思路和理念，对产业融合所适用的产业领域的扩展和产业融合内涵的扩展都是必要的。

二 本书的主要研究内容和结构框架

本书分为绪论、本论和结论三个部分，其中本论部分的研究内容又可以分为三个部分：第一部分是关于产业分工与融合的理论分析，包括第二章；第二部分是产业分工与融合视角下的现代农业发展战略和路径分析，包括第三、四、五、六、七、八章；第三部分是基于产业分工与融合视角，提出推进我国现代农业发展的对策和建议，包括第九章。

第一章为绪论，介绍本书的研究背景、现实意义、研究思路、研究内容和结构框架等，在对国内外学者关于产业融合、现代农业、农业产业融合的研究进行系统整理的基础上进行理论综述，作为本书的研究基础和出发点。

第二章是关于产业融合的理论部分，在对产业融合的内涵进行界定和拓展的基础上，讨论了不同类型的产业融合的发生动因、机制和发生的条件。同时，作为对产业融合理论的深化，本章进一步分析了产业融合对产业分工的深化效应。

第三章运用第二章的结论，从现代农业的结构高级化、现代农业的多功能性、现代农业生产经营体系等三个方面概括了产业融合推进现代农业建设的基本思路，并对以产业分工与融合推进我国现代农业建设的必要性和可行性进行了分析。

第四章从农业生产方式创新的角度，探讨了现代科学技术对农业渗透融合的动力机制、运行机制、运行环境和运行模式，从现代生物技术所带来的农业产出能力的提高和产出功能创新、现代信息技术所带来的农业生产经营管理手段和生产经营效率的变革两个方面，总结了科学技术对农业渗透融合的提升和改造效应。

第五章探讨了产业融合对现代农业产业体系的横向扩展作用，认为产业融合不但可以拓展现代农业的功能，而且可以拓展现代农业产业体系的横向幅度。产业融合模式下的新的农业形态的出现，使现代农业成为一个以食品和纤维产业为主体、涵盖了生态农业、能源农业、医药保健农业、休闲农业等内容的多功能、多层次、综合性的现代产业体系。

第六章分析了产业融合对现代农业产业体系的纵向深化作用，从产业融合的角度分析了农业产业化经营的实质。农业产业化经营的基础是农业产业链的整合，作为整合型产业融合的具体表现形式，农业产业链的整合和优化使现代农业的营利重心不断向高附加值的产前和产后环节延伸，从而促进了一、二、三产业融合发展的现代农业产业体系的纵向深化。

第七章立足于产业分工与融合视角，基于现代农业产业链建构，论述了现代农业服务模式选择，提出了现代农业与服务业的互动发展机制。

第八章从现代农业风险角度，探讨了现代农业的风险原理与风险管理机制，论述了现代农业保险及其运行机制，提出了现代农业风险管理的基本原则和风险管理模式。

第九章从理论创新、科技创新、管理创新和组织创新的角度提出了以产业融合推进我国现代农业建设的建议，树立融合型的现代"大农业"理念、创新现代农业技术研究、开发、推广体系、建立适应产业融合发展的现代农业管理体系、以农民专业合作经济组织构建农业产业融合的组织基础等内容。

从结构框架来看，第一部分是本书的理论基础，为全书的研究和分析提供理论依据和分析范式；第二部分是应用产业分工与融合理论对现代农业建设战略和路径的具体分析；第三部分建议，提出以产业融合推动我国现代农业发展所必需的理论创新和制度创新。

三　本书的研究方法

本书的研究命题涉及马克思主义经济学、产业经济学、农业经济学等学科领域，在研究方法上主要采用规范研究和实证分析相结合、静态分析和动态分析相结合的方法、系统论方法以及案例研究方法。

实证分析方法是产业经济学的主要分析方法，在整个产业经济学的方法论集合中居于核心地位，主要回答经济现象"是什么"或研究现实所面临的经济问题"实际上是如何解决的"。也就是说，实证分析主要是通过对历史和现实的诸多现象和变化的考察，从中总结出有规律性的结论，并以此为基础建立起相关的经济学说体系。同时，就方法论而言，产业经济学是一门具有强烈的规范经济学色彩的应用经济学规范分析，是指研究经济活动"应该是什么"或是研究现实的经济问题"应该怎样解决"的，即在理论研究中，其有关判断或结论的得出是以一定的经济及价值观标准为前提的。对于产业融合的研究，不仅需要运用规范研究，从已有的价值判断标准出发进行严密的逻辑推理与判断，还须结合实证分析方法运用大量的资料、借助一定的数理统计方法进行描述分析。

静态分析是指考察研究对象在某一时间点上的现象和本质问题。虽然在很多情况下，静态分析是动态分析的起点和基础，但产业经济学研究的主要方法不是静态研究而是动态研究，即研究产业随时间的推移所显示出的发展、演化规律；产业经济学中的经验性规律，大部分是综合应用静态与动态分析方法所得出的结果。研究以产业融合推动我国现代农业建设的路径，必须通过特定观察项在不同时期、不同制度约束下的变化趋势，才能总结出农业产业融合发展的一般规律性。

系统论的方法强调系统的整体性、相关性和目的性。产业融合可以看做是一个具有关联性的不同产业之间通过产品、技术、业务的整合而达到产业创新目的的过程，产业融合的复合经济效应正是"整体大于它的各部分总和"的集中体现。现代农业建设是一个复杂、综合性的系统工程，现代农业产业体系是具有内在关联性的不同产业组成的一个产业系统。以产业融合推进现代农业建设，必须以系统论的方法从不同产业之间技术、功能、产品、市场融合的角度扩展现代农业的内涵和外延,构筑起融合型的现代"大农业"产业系统。

研究农业的产业融合发展问题离不开对典型案例的分析,通过对典型案例的分析不但能够揭示产业融合的普遍规律及其在不同条件下的具体表现形式,而且对农业融合发展所带来的产业增长效应具有较强的说服力。

第四节 创新和需要进一步研究的问题

就目前国内关于产业融合的研究进展来看,信息技术产业和制造业是其研究的重点领域;而在农业产业融合方面的研究进展,与现代农业建设的重要战略意义相比,就显得十分不足。将产业融合的理论研究和我国现代农业的建设实践相结合,用产业融合的技术、产品、市场、制度创新范式构建我国现代农业发展的战略推进机制,是一种全新的尝试。本书的主要创新点有:

第一,在对产业融合的含义、分类和发生机制进行系统研究的基础上,从分工的理论视角分析了产业融合对产业分工所具有的深化效应,认为相对于产业分工形成与深化的传统路径,产业融合催生了新的产业,成为产业分工的新起点。产业融合与产业分工作为两种交叉互动的产业发展趋势,共同推进着现代经济的发展。

第二,分析了产业融合对现代农业功能的扩展和对现代农业产业体系的横向扩展。现代农业通过农业内部不同产业之间、农业与旅游、休闲、文化、能源、化工、医药等产业之间的技术、产品、市场的相互融合而催生出新的农业形态,使现代农业除衣食供应之外具有生态保护、旅游休闲、文化传承、新能源、新材料等多种功能;同时这些新兴的农业业态,使现代农业产业体系具有更广阔的产业幅度和产业发展空间。

第三,从产业融合的理论视角分析了农业产业化经营的新的内涵,认为农业产业化经营的实质是分工和专业化基础上的农业关联产业的纵向一体化融合。农业产业化发展促进了农业产业链的构建和整合,农业产业链的整合和外延式、内涵式优化使现代农业的发展空间和营利重心不断向高附加值的产前和产后环节延伸，从而促进了一、二、三产业融合发展的现代农业产业体系的纵向深化。

　　本书虽然力图建立起以产业分工与融合推进现代农业的理论和实践框架，但由于研究能力的限制和研究视野、研究方法的欠缺，不管是本书的研究方法还是研究框架和结论，都存在着一定的欠缺，需要在以后的研究中进一步深化。

第二章 产业融合发生机制
与分工效应

产业融合并不是作为理论观念上的产业边界出现了模糊或发生了变化，而是在产业边界既定的情况下，现实经济中出现了某一产业既定的经济活动跨产业存在的现象，以至于难以将这种具有双重产业属性的经济活动组合，归入现有的某一产业。因此，研究某一产业既定的经济活动跨产业存在的发生机制、发生条件、内在动因、表现形式等，就成为把握产业融合理论内涵的关键。同时，从分工理论角度分析产业融合和产业分工的关系以及产业融合对产业分工的效应，是对产业融合理论的进一步深化。

第一节 产业融合的含义和分类

一 产业融合的含义

在研究产业融合的诸多文献中，出现比较频繁而且大家普遍接受的一个提法就是产业边界的"模糊、收缩和消失"，这也可能是"融合"的直观含义。产业融合，必然是发生在至少两个产业之间的经济现象，"产业"概念的界定，是研究产业融合问题的基础。

产业概念是随着经济社会的发展而不断形成和发展的。不同历史时期的不同理论研究中，产业的含义是不同的。实际上"产业"是一个相当模糊的概念。在英文中,"产业"、"工业"、"行业"等都可以称为"in-dustry",比汉语的含义更为模糊。《麻省理工学院现代经济学词典》(1983)对产业的定义为:"在完全竞争市场的分析框架内,产业是指生产同质产品、相互竞争的一大群企业。"我国学者杨治(1985)将产业定义为:"产业是居于微观经济的细胞(企业和家庭)与宏观经济的单位(国民经济)之间的一个'集合概念'。产业是具有同一属性的企业的集合,又是国民经济以某一标准划分的部分。具体地说,在产业经济学中有三个大层次。第一层次是以同一商品市场为单位划分的产业,第二层次是以技术、工艺的相似性为根据划分的产业,第三层次是大致以经济活动的阶段为根据,将国民经济划分为若干大部分所形成的产业。"以上关于产业的定义,可以从两个层面来理解:第一个层面,从产业组织的角度,当分析同一产业的企业间的市场关系时,"产业"是指生产同类或有密切替代关系产品、服务的企业集合,因为只有生产同一或具有密切替代关系的产品或服务的企业群,彼此间才会在同一市场上发生竞争关系①。第二个层面,从整个产业的状况以及不同产业间的结构和关联的角度,"产业"可以界定为具有使用相同原材料、相同工艺技术或生产产品用途相同的企业的集合。

第一个层次上的产业定义强调企业产品或服务的市场竞争关系,第二个层次上的产业定义则比较有弹性,既可以是广义上的第一产业(农业与畜牧业)、第二产业(制造业)、第三产业(服务业),也可以是狭义上的石油产业、机械产业等。本书对产业的概念界定从宽,既可指狭义的具体产业、行业,也可以指广义的第一、第二、第三产业。

目前,国内外有关产业融合的研究可以总结为五个不同的角度:

(1)技术融合论。认为是某种通用技术或通用生产过程在一系列产业中的广泛应用和扩散导致了融合。产业融合的本质就是技术融合,就是通用技术的创新和应用。

(2)边界模糊论。如美国学者格林斯坦和卡恩纳(Greenstein and Khanna)的定义:产业融合是为了适应产业增长而发生的产业边界的收缩

---

① 韩小明:《对于产业融合问题的理论研究》,《教学与研究》2006年第6期。

或消失。

（3）过程统一论。认为产业融合是一个从技术融合开始，到业务融合，再到市场融合这样一个逐步实现的过程。如欧洲委员会"绿皮书"的定义：产业融合是指"产业联盟和合并、技术网络平台和市场等三个角度的融合"。

（4）产业组织论。日本学者植草益认为，产业融合就是通过技术革新和放宽限制来降低产业间的壁垒，加强各产业企业间的竞争合作关系。

（5）产品（产业）创新或产业发展论。美国学者尤弗亚对产业融合的定义是："采用数字技术后原本各自独立的产品的整合"。我国学者厉无畏等人认为，产业融合是指不同产业或同一产业内部的不同产业，通过相互渗透、相互交叉，最终融为一体，逐步形成新产业的动态发展过程。其特征在于产业融合的结果出现了新的产业或新的增长点。以上的定义提供了研究产业融合问题的不同视角和思路①。

实际上，产业是一个中观的概念，它是从事特定经济活动的企业的行为集合，不管是前述广义上的产业定义还是狭义上的产业定义，"产业"实际上都是被定义为具有同类产出结果和相似产出方式的同质性经济活动。从事特定经济活动的所有企业构成了这一产业的微观基础，特定产业与特定的经济活动之间的关系是确定的②。

但是，实际上，产业与企业的关系并不是确定的。某一企业既可以只从事一个产业内的经济活动，也可以同时从事两个以上产业内的经济活动，前者可以称之为专业化经营，后者可以称之为多元化经营。比如，"制造业"所对应的经济活动（特定产出结果和相似产出方式）是确定的，但并不是制造业内的所有企业都单一地只从事制造业的经济活动。某产业内的企业从事多元化经营的现象并不少见，但是，只有在某一产业里的大多数企业的经济活动中都出现了原属于某个其他产业的经济活动时，或者某一产业里有足够产业影响力的少数企业的经济活动中出现了原属于某个其他产业的经济活动时，这种现象才可以称为产业融合。所以，产业

---

① 杨公朴、夏大慰主编：《现代产业经济学》，上海财经大学出版社 2005 年版。
② 韩小明：《对于产业融合问题的理论研究》，《教学与研究》2006 年第 6 期。

融合并不意味着理论上的产业界限出现了模糊化，而是在产业划分清楚的情况下，某一产业所对应的经济活动出现了趋势性的跨产业存在的现象，而这种具有双重或多重产业属性的经济活动难以划入现有定义下的某一个确定的产业。从这个意义上看，发生模糊化的并不是理论上的产业边界，而是融合之后的产业在原有产业划分标准下的产业定位。

二　产业融合的分类

如果我们把产业融合理解为既定产业经济活动的跨产业存在，那么就可以按照既定产业经济活动跨产业存在的不同表现和路径，对产业融合进行分类，而且这种分类必须能够基本涵盖现实中所发生的产业融合现象。从产业经济活动的层面观察产业融合的发生，可以发现某产业内的经济活动跨产业进行有以下几种不同的形式，相应地就可以根据这些不同的形式来划分产业融合的类型。

如果把产业看成具有同类产出结果和相似产出方式的同质性经济活动的集合，把产业融合看成既定产业内的经济活动跨产业存在的现象，就可以发现既定产业经济活动跨产业现象实际上就表现为既定产业的产出方式和产出结果的跨产业现象。尽管既定产业经济活动跨产业的表现方式各不相同，但这种类型产业融合的发生都是由该产业的生产方法创新而引起的。

（1）产出方式跨产业

某一产业产出结果的物质形态或功能相同，但是该产业的产出方式增多了。除了本产业原有的产出方式，现在还出现了其他产业的产出方式。其中一种情况是产出结果的物质形态相同，但是产出方式改变了。比如，农业的产出结果物质形态未变，但是现在除了传统的农业产出方式外，还出现了工厂化的农业产出方式，基因技术、航天育种等高科技产业的生产方式也不断融入农业生产之中。另一种情况是产出结果的功能相同，但产出结果的物质形态改变，产出方式也改变了，比如传统相机与数码相机、传统电信与 IP 电信、普通传媒与网络传媒等。由产出方式跨产业而形成的产业融合如图 2-1 所示。

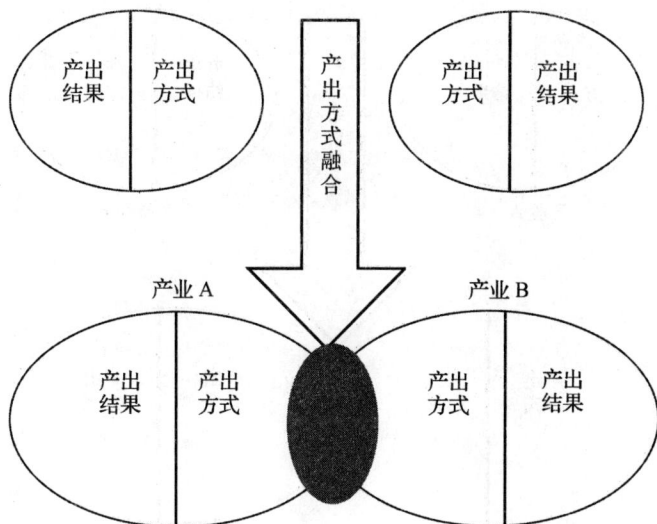

图 2 - 1 生产方法创新型产业融合：产出方式跨界

（2）产出结果跨产业

某一产业内原有的资产体系，产出了更多的结果，而且新产出的结果原属于其他产业。这种情况或者是因为企业在技术进步的基础上充分利用了原有的资产体系，比如铁路运输部门、电力产业部门利用原有网络提供电信、互联网接入业务和数据传输业务。或者是因为技术的进步，使得产业原有资产体系产出了其他产业的结果，比如分布式能源技术的采用，使天然气产业可以向一定区域内的用户同时提供电力、蒸汽、热水和空调冷水（或风）等能源服务，而传统的电子商务体系也不断地拓展着网上购物业务和网络金融业务。由产出结果趋同而发生的产业融合如图 2 - 2 所示。

（3）不同产业的产出方式和产出结果都趋同

在一些经营内容接近且具有很强替代性的产业间，由于技术的进步，使这些产业之间形成了通用的技术平台，再加上产业规制政策的相应调整，使这些产业的产出方式和产出结果都出现了殊途同归的融合现象。这种融合方式在信息产业内的广播、电视、通信业等产业之间的表现最为引人注目，在物流产业的运输、仓储、邮政等产业之间和金融产业的银行、

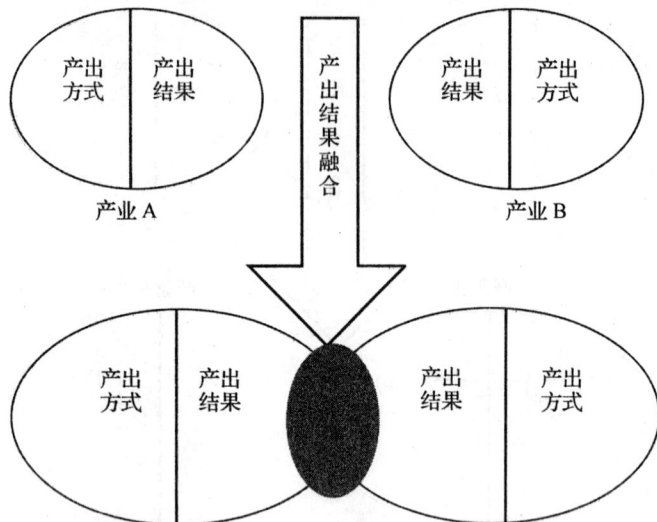

图 2 - 2　生产方法创新型产业融合：产出结果跨界

保险、证券等产业之间，融合的趋势也表现得越来越明显。这种形式的产业融合如图 2 - 3 所示。

　　上述三种产业融合的表现形式中，第一种形式下，产业的产出方式增加，这本身就是生产方法创新的表现。第二种形式下，产业的产出结果增加，这或许是因为原有的产出方法改进，从而增加了产出功能，或许是原有产出方法的潜在功能得到发挥，同样也增加了产出功能。不管是哪种情况，都是生产方法创新的结果。第三种形式下，产业的创新幅度更大，变革性的技术进步甚至使原有产业的产出方式和产出结果逐渐被淘汰，从而使不同产业之间在技术、产品、市场等方面完全融合为一个新的产业。总之，产出方式和产出结果跨产业的情况都可以归结为生产方法的创新。可以说，生产方法创新是现代产业融合发生的重要原因之一。

　　除了上述由于生产方法创新而引发的既定产业经济活动跨产业存在，还有一种产业融合的情况，就是生产有形产品的产业与相关服务产业之间的业务延伸和交叉引起产业经济活动跨产业，使不同的产业分工被内部化于同一企业而形成的内部化型产业融合。这种方式里，既定产业的经济活动跨产业是通过将原有产业价值链转向或延伸而实现的，其实质是企业价

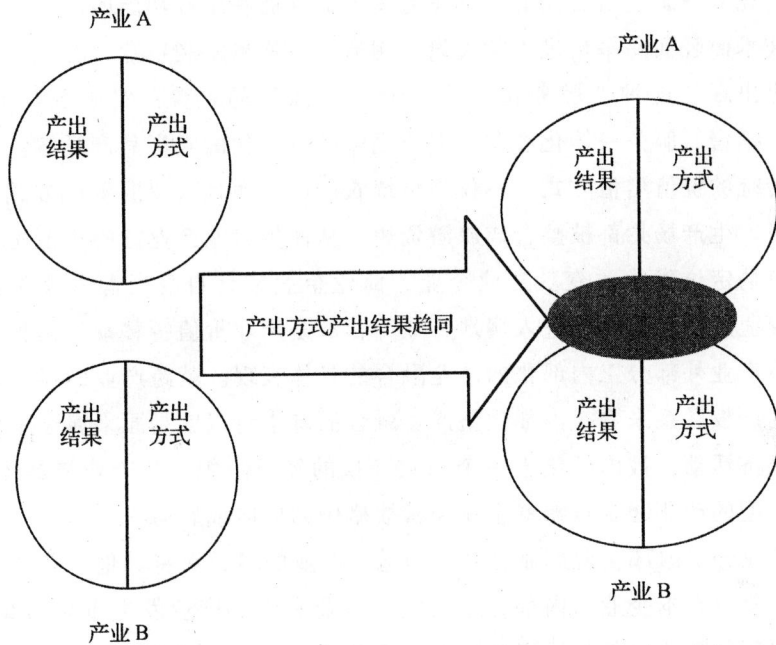

图 2-3　生产方法创新型产业融合：产出趋同

值链创新基础上的产品服务化和产业服务化。相比于生产方法创新型产业融合，内部化型产业融合是出于产业经济效益最大化而非产业技术的先进性。不管企业价值链创新的方向和方式如何，该产业的经济活动都超出了特定产业的经济活动范围，把外部产业的经济活动纳入本产业的价值创造过程之中。内部化型产业融合的发生，表现为具有一定内在关联性的不同产业之间的不同程度的重合、交叉与重组。特定产业内的企业在分析核心能力的前提下，以自身原有的资产体系为依托，将产业的价值链进行前向、后向延伸或重新整合，为客户创造更大的价值增值，并在提高自己产品或服务差异性的基础上开拓更大的利润空间。追求范围经济是这种产业融合发生的根本动机，消费服务化是这种产业融合发生的市场诱因。

内部化型产业融合趋势在制造业和服务业之间表现得非常突出，"'由生产活动与融入制成品制造、生产和分销过程的服务活动所形成的综合体'已成为现代经济增长中最快速的产业部门之一"。同时许多服务部门也凭其熟悉消费者需要、熟悉有关产品性能和服务功能匹配的专业知识与技术而轻而易举地进入相关设备制造业。不单是制造业，在农业、建筑业也出现了这种"服务化"或"服务增强"的趋势：农业企业生产、加工、销售、服务一体化经营，形成完整的一体化的农产品产品链。农业改变传统的价值增值方式，不仅是传统农产品，而且农业的生产方式、生产手段、生产场景都被整合成旅游资源，从而使农业产业链的价值构筑方式和市场定位发生改变。工业企业、商业企业整合自身资源开展工业旅游、商业旅游；建筑业进入房地产业等，都是产业价值链移动、延伸、整合而将产业外部分工内部化的产业融合的具体表现。就跨产业的经济活动之间的产权联系来看，内部化型产业融合的基本特点就是原来属于不同产业的经济活动，被内部化于一个独立产权的经济组织，从产业链的角度，这种类型的产业融合意味着企业经营战略中的前向或后向一体化。

产业分工内部化型产业融合是为适应产业的增长而将其他产业的功能和业务整合在本企业的内部，从而使本产业和外部产业发生重合与交叉，催生出新的产业或新的经济增长点。这种产业融合是把产业外的经济活动融入到本产业边界之内，强调产业间分工在同一产业的内部化①。实际上，如果把产业融合定义为特定产业的经济活动的跨产业存在，那么在专业化分工的基础上，产业分工不断深化和细化。当一个广义上的产业既定的经济活动必须由不同的狭义上的产业共同完成，或不同产业的企业之间通过契约关系建立具有战略联盟性质的企业网络时，就形成了另一种形式的产业融合：整合型产业融合。其典型的表现形式有两种：第一，供应链联盟，即围绕一种产品或服务的最终需求，不同产业在核心功能融合的基础上，形成一个从原材料供应、产品设计、产品制造、营销服务一直到达消费者的完整的价值创造系统。第二，虚拟企业，即两个或多个具有不同资源和核心能力的企业为了共同开拓市场而建立在信息网络基础之上的共享技术与信息，分担费用，联合开发的、互利的企业联盟体。

实际上，不管是供应链联盟，还是虚拟企业，其本质可以归纳为企业网络。一个企业网络包括了不同产业内的企业，是不同产业内的经济活动

---

① 李美云：《论服务业的跨产业渗透与融合》，《外国经济与管理》2006 年第 10 期。

形成的一个价值网链。从产业链的角度，企业网络由供应商、制造商、分销商、相关服务商等组成；从企业功能的角度，企业网络是各个组成单位的生产、技术、管理、销售、服务、商标和专利等技能和资产的有机融合。企业网络的形成过程就是产业融合的形成过程，或者说，产业融合是企业网络化经营的客观结果。

企业网络是一个拥有独立产权的企业组合，这种形式的产业融合既不同于由于技术进步、产出方式进化而发生的产业融合，也不同于由于产业增长的需要而把产业之间的分工整合在一个特定产业的内部而发生的产业融合。这是一种由特定核心企业围绕特定市场需求整合不同产业的价值创造功能而发生的产业融合，不同的产业在这里以不同的"价值模块"的形式而存在。具有价值链整合能力的"盟主企业"、基于企业核心功能的价值创造模块、价值协同创造的快速反应能力、全球化的信息网络所构成的战略管理平台、契约化和竞争合作的市场文化伦理是这种形式的产业融合的构成要素。企业网络是介于市场和企业之间的一种中间组织形式，这种处于市场功能和企业功能之间的价值功能网链有一个最大的特点，就是不同产业价值模块的整合。如果说生产方式改进型产业融合的基础是不同产业间的技术融合，内部化型产业融合的基础是产业功能分工的内部化，那么整合型产业融合就是由不同产业价值模块围绕一个商品或服务的总体价值创造而引发的价值网络融合。如果说生产方式改进型产业融合和内部化型产业融合都发生在特定的产业边界以内，那么整合型产业融合则发生在价值网链上的实体产业（企业）之间、中间组织（"类企业"）之内。

从理论上来讲，社会是一个分工协作的有机整体，不同产业、企业之间从来就存在着不同形式的关联，一种商品或服务从原材料供应到消费者之间的所有价值创造过程在客观上构成了一个完整的价值链条。然而，整合型产业融合的出现却是一定产业经济条件下的产物。社会分工的发展、生产组织结构的变迁、信息化商业网络的形成是价值模块整合型产业融合得以发生的前提和基础。

在市场体系发展不充分、由供应推动的卖方市场条件下，大型的一体化组织是市场的主导力量。整个商品的价值创造过程构成一体化企业内部一条完整的、闭合的企业价值链。在这种一体化的生产模式下，生产商品的不同流程和环节构成了企业内部分工的主要内容，由垂直的企业内部管理机构强制性、计划性地整合，既不存在产业融合的基础，也没有产业融合的必要。随着产业分工的深化和细化，围绕一个商品或服务的整个的价值链条越拉越长，产品生产的中间需求越来越大，技术进步速率也越来越快，这是分工和专业化经营推动社会经济效益提高的内在逻辑和历史趋势。同时，消费者中心化的市场压力，多样化个性化小批量的需求特征对企业生产能力的弹性要求，使大型的、一体化的、囊括一个商品的完整的价值链条的刚性生产组织失去了存在基础。原来一体化组织内部的分工环节，被社会化的产业分工所代替，完整的产业链条被分解到不同的产业领域和市场空间。相应的企业形式由大型的一体化科层组织演变为突出企业核心功能的扁平化网络组织。有分工，就会有协作，分工与协作是社会劳动的两个方面。产业分工带来产业融合的必要性，在"速度经济"的压力下，一个完整的价值创造过程需要价值创造的不同环节之间的快速联动和整合。产业功能的模块化和信息网络技术的支持，使价值模块整合型产业融合的发生成为可能。最后，即使这种跨产业的不同价值模块之间的整合不是发生在固定的模块成员之间（当然对相关模块的选择会具有相对的连续性和稳定性），甚至对模块整合的发起者来说特定整合的发生也可能具有不确定性（来源于市场机遇的不确定性），但是，当这种"偶然"的、"动态的"甚至具有"一次性"的产业间价值模块整合成为企业商业模式的常态时，真正意义上的整合型产业融合就出现了。

　　林民盾（2007）所提出的横向产业的概念可以在某种程度上解析这一类型的产业融合现象。横向产业理论把商品形成过程中的不同阶段作为元素对其进行分割，即商品的三个过程元素：研发设计、生产制造、整合（集成）销售与服务，如表2－1所示。

表 2 - 1   按商品形成过程中的行为分类

元素	商品过程
I	研发设计
II	制造生产
III	营销服务

　　表2－1中元素Ⅰ是以知识为主体的商品规划、创新、设计元素。元素Ⅱ是以体力劳动配合知识工具为主体的商品制造元素；元素Ⅲ是以知识为主体的专业服务、营销战略、营销管理、客户服务的商品营销服务元素。商品是研究经济问题的基本因子，它可以是有形的农副产品、工业产品，也可以是无形的服务和技术产品，在传统的企业内部存在着针对这三元素的完成整个商品过程的三个组织。传统的企业，以至该类型的行业、再延伸到各个同类行业的产业范畴，只要是从事商品活动或广义的商品价值创造过程，都包括这三个完成商品过程的不可或缺的组织，福特制生产经营组织就反映了这样的传统企业的特征。但是现代企业发展的一个突出特点，就是企业功能的"归核化"，几乎没有任何一种产品或服务可以由一家企业完全提供。商品价值形成和实现的三个元素以及对应于这三个元素的三种组织，日渐发展成三种分立的产业。实际上，这三种组织只是商品价值生产和实现过程中不同价值环节的简单概括，在现实的经济生活中，随着专业化的发展，商品价值生产和实现的过程远不止这三个环节，任何商品的价值生产和实现都需要不同产业间的协作和整合，横向产业理论实际上是从商品价值的形成和实现的角度说明了产业融合的内在原因。[①]

　　整合型产业融合赋予产业融合新的意义和表现形式。各种类型产业融合的发生原因，甚至所有经济活动的发生原因，都可以归之为价值创造和实现的动机。但是，整合型产业融合的特性，却在于价值创造的网络化和组织载体的动态化。生产方式进化型产业融合可以具体化为"工厂化农业"、"电信业和电视、出版业的融合"等，内部化型产业融合可以具体化为"制造业和服务业的融合"、"农业和休闲业的融合"等。但是整合型产业融合概念中的"产业"却不具有确定性，"融合"发生在围绕某一市场最终需求的价值协同创造过程中产业融合的发生是多种因素共同作用的结果，就产业融合本身来说，既可以从宏观经济结构演化角度来考察，也可以从中观的产业组织演化角度来考察，还可以从微观的企业经营角度来考察。本书采用微观和中观相结合的角度，从特定产业内企业的经营活动跨产业的角度来考察不同产业之间的融合机制和规律。从企业生产经营

---

　　① 林民盾：《横向产业理论研究》，科学出版社2007年版。

的角度来看，企业经营活动跨产业的现象往往是多种复杂因素综合作用的结果，其中涉及产业技术变化、企业战略选择、企业组织形式创新、市场需求变化、经济信息化程度、宏观产业政策调整以及全球产业发展趋势等内外因素。

本书对产业融合的分类依据是：推动产业融合的主要力量。由技术创新推动的产业融合表现为产业生产技术的创新，由价值链创新推动的内部化型产业融合表现为产业的服务化，由价值网链整合推动的整合型产业融合表现为产业组织方式的网络化。其中，整合型产业融合是对产业融合内涵、外延、融合方式的拓展。从内涵上来看，产业融合不仅仅意味着技术的融合、产品的融合和业务的融合，而且也包括价值创造功能的融合。从外延上来看，产业融合不仅是指企业内部的产业经济活动的跨产业融合，而且包括在"中间组织"内部所发生的经济活动的跨产业融合。从融合方式上来看，产业融合的发生不仅包括不同产业经济活动之间线性的一体化融合，而且包括不同产业经济活动之间的链式、网络式动态融合。

对复杂的产业融合现象进行大致的分类是理论研究的需要，但是考察现实中的产业融合现象却不能简单明确地将其归类于上述三种类型中的某一种。就本书总结的三种类型的产业融合来说，其中也存在相应的交叉和联系，因为现实经济生活中的产业融合，不但是多种因素共同作用的结果，而且是不同产业之间协作整合的动态发展过程。生产方法创新型产业融合强调由技术创新所引起的原来分立的产业间技术的融合，融合后的通用技术同时也是发生融合的产业的主导技术，比如数字技术在广播、电视、出版等产业融合发展过程中的主导作用。实际上，技术创新不仅是生产方法创新型产业融合的推动力量，它同时也是内部化型产业融合和整合型产业融合的背景和条件，尤其是信息技术的发展。对内部化型产业融合来说，基于信息化的生产技术创新使产业间技术关联加强，并使范围经济成为可能。不同产业间技术设备和人力资源的通用性的加强，强化了企业追逐协同经济效应的动机。技术创新所带来的不同产业之间的通用性，正是波特所说的企业业务单元之间的"有形关联"的重要表现。企业的价值链活动如何创新，企业经济活动跨入哪一个外部产业，或者企业究竟把哪些产业"内部化"，技术的关联性是企业商业模式创新的重要参考因素。对于整合型产业融合来说，信息技术的发展构成了整合型产业融合发生的重要背景和条件。信息技术虽然不是整合型产业融合的主导性生产技术，但却是整合型产业融合的主导性管理技术；互连共享的信息管理平台，是企业网络得以形成的基本前提。从这个意义上讲，信息化构成了产业融合的技术背景。

同理，技术创新使特定产业的生产方式进化，不同产业之间日趋相似的产出方式和产出结果要求产业的生产组织形式作出相应的调整。互联网技术的广泛应用，使传统媒体产业的生产方式日益网络化。2001 年 1 月10 日，世界上最大的互联网服务公司——美国在线公司和世界上最大的传媒公司——时代华纳公司的合并，既反映了传媒产业的生产方式进化，也是原来处于分立状态的不同产业的内部化的表现。

内部化型产业融合和整合型产业融合往往是相互交错和重叠的。从静态的角度看，产业之间的协作和整合方式极其灵活，既可以通过企业合并、兼并、控股等方式发生产权关联，也可以通过市场契约和战略联盟方式组成企业网络。从动态的角度看，产业之间的协作与整合服务于经济主体对经济效益的追求，随着市场环境的变化和企业战略的不同组合，产业协作和整合的方式也会随之进行调整。

整合型产业融合中，整个企业网络的整合方式，以及整个企业网络的不同节点上的企业之间的整合关系，既可能不相同，也可能不确定。在以契约方式为主的整合型产业融合方式中，可能存在着处于不同产业的某一价值链前后环节的产权一体化，即内部化型产业融合。同理，当内部化型产业融合中的企业把跨产业的经济活动通过外包等方式分离出去，使接受外包的企业和原有企业之间形成契约化的企业网络时，内部化型产业融合就转化为整合型产业融合。一个实现了内部化型产业融合的企业，可能正是另一个实现了整合型产业融合的企业网络的组成部分。总之，随着不同产业之间协作与整合方式在产权联结和契约连接之间的调整，内部化产业融合与整合型产业融合之间的关系既可以是部分重合的，也可以是相互转换的。

第二节　产业融合的发生机制

通过对产业融合现象的分析以及从跨产业多元化经营的角度对产业融合的类型分析，构筑了研究产业融合的一个新的视角。那么，各种类型产业融合的现象为什么会发生、如何发生、发生的条件是什么，对这些问题的回答是产业融合研究问题从外层现象到内在机理的深化过程。

一　生产方法创新型产业融合的发生机制

生产方法创新型产业融合包括产出方式跨产业、产出结果跨产业和产出方式及产出结果都跨产业三种情况，其中当产出方式及产出结果都跨产业时，原产业之间发生了深度融合，会出现产业边界模糊、收缩和消失的现象，产业融合特征显性化。这三种形式的产业融合虽然融合的方式和融合的程度有差异，但是其发生机制是相同的，即：生产技术的创新导致产业融合的发生。那么，生产方法创新型产业融合为什么会发生？是如何发生的？是在什么情况下发生的呢？

（1）技术创新是生产方法创新型产业融合的推进器

第一，技术创新的溢出效应加快了不同产业之间的技术融合。首先，一个产业的技术创新扩散到相关产业，并对相关产业的原有技术进行改造，使得相关产业的技术水平得到提高，最典型的就是计算机芯片技术的提高，极大地提高了自动控制产业、通信产业等相关产业的技术水平，使得计算机的技术创新效应外溢到相关产业。其次，一个产业的技术创新扩散到相关产业，通过与这些相关产业的原有技术相融合而产生了新技术，并为相关产业创造了新的技术升级机会，如传统的机械技术与新兴的微电子技术融合而形成的电脑数控机床、工业用机器人等。最后，与一个产业的技术创新、市场开拓过程相伴随的市场需求状况、特点及趋势等信息的溢出，会被其他产业利用而不用支付费用。这种技术创新的溢出效应最明显地表现在上游产业的技术创新对下游产业的生产技术改进上。第二，技术融合推进产业融合。技术创新在不同产业之间的扩散导致了技术融合，而技术融合使不同产业之间的成本结构、生产技术和工艺流程变得十分相似，形成不同产业间通用的技术平台，技术的通用性消除了不同产业之间的技术进入壁垒，产业间技术边界趋同，产业间生产方式趋同；技术融合使不同产业所提供的产品和服务具有相似的功能和特性，可以满足消费者相似或相同的需要，不同产业所提供的产品或服务的替代性增强，产业间产出结果趋同。产业间生产方式的趋同和产出结果的趋同，最终导致生产方法创新型产业融合的发生。

（2）对产出效率的追求是生产方法创新型产业融合的根本动因

第一，对产出效率增长的追求。任何一种技术创新都可能会推动生产方法的创新，但是，只有在技术创新所推动的生产方法创新能为企业带来预期收益的情况下，即只有生产方法创新带来的总收益大于变革现有生产方法所付出的总成本，企业才会考虑变革其生产方法，否则，即使技术创新的幅度再大，生产方法创新的程度再高，企业也不会考虑变革其生产方法，这就是技术考虑和经济考虑之间的差异。从这个意义上来讲，产出方法创新型产业融合的发生，并不取决于创新技术相对于现有技术的先进性，而是取决于创新技术相对现有技术的经济性。第二，对经济增长可持续性的追求。在现实的经济生活中，总有一些生产方法，无论它在技术上如何先进，在经济效益上如何优良，却还是要受到一些外界的不确定性的制约，比如特定资源的瓶颈、环保要求提高、贸易条件变化等。一旦外界环境和运营条件发生了变化，原有产出方式的局限性就显现出来。当这种制约和局限性越来越影响产出的效率时，企业改进生产方法的努力就不但反映了对经济增长可持续性的追求，更是反映了对经济效益的追求。因而前文所述的生产方式创新所带来的效益改进，既包括了产出的成本和质量上的数量型改进，也包括了增长可持续性的内涵式改进。对经济增长可持续性的追求，或者引发原有产出方式的改进，比如将其他产业的生产技术、生产模式引入本产业；或者在技术进步的基础上使本产业的产出结果具有其他产业的功能。不管是哪种情况，都会导致生产方法创新型产业融合的发生。

（3）产业融合现象的发生是同类企业集合的行为结果

微观层面上企业的产出方式进化，导致了中观层面的产业融合现象的发生，因而，研究企业生产方法创新的发生路径，是研究生产方法型产业融合发生路径的关键。第一，生产方法的创新，首先发生在个别企业。这些企业可以是某一产业内部的企业，也可以是某一产业外部的企业。对产业内部的企业来说，该企业可能是产业内具有市场优势地位的企业，其先进的研发力量可以提供新的产出方式所需要的技术支撑，其雄厚的资金可以负担新的产出方式所需要的成本支出，生产方法的创新可能会使其市场优势地位得以巩固或者扩大，也可能是不具有市场优势地位，但是面临着某种潜在的威胁或发展制约的企业，而且这些企业应该具有承担产出方式进化成本的能力，生产方法的创新可能使其摆脱发展制约并使其市场地位得以改善。不管是哪类企业首先发起生产方法的创新，当这些先行企业尝试生产方法创新而显示出可能的市场潜力时，就会带来强烈的示范效应，其他企业会迅速跟进，这时不管是先行的企业还是跟进的企业最终取得市场优势，都已经不重要了，重要的是创新的生产方法已经成为该产业生产方法的主流，产业的整体产出能力得以提升。第二，从产业融合的角度观察某一产业的生产方法创新过程，会发现更多的情况下，率先发动生产方法创新的，往往并不是本产业内的企业，而是产业之外的企业把一种全新的产出方式"嵌入"到本产业中来。比如，互联网企业最初只提供数据传输业务，当它以互联网的方式提供 IP 电话服务时，对于传统的电信服务领域而言，IP 电话服务就是产业外的新进入者。再比如，因为工厂化的产出方式属于工业领域，用工厂化方式生产农产品的企业，最初并不是来自传统农业内部，而是来自于工业领域。这种嵌入式的生产方法创新，比内生型生产方法创新更少传统生产方法的影响，其生产方法创新性更强，对产业发展的提升幅度更大。但是，嵌入型生产方法创新要面临比内生型生产方法创新更大的不确定性。由于嵌入型生产方法来源于产业外部，对其新进入的、自己并不具市场优势的产业来说，生产方法创新是一种挑战行为；对其原来所在的产业来说，跨产业的经营是一种风险性的行为。除了产出技术的先行优势之外，首先发起生产方法创新的外部企业要面临更大的创新压力，其经济后果也比内生型生产方法创新具有更大的不确定性。从企业的决策角度看，嵌入型生产方法创新的先行者，需要更敏锐的市场洞察力和更强的经济利益刺激。

不管是内生型还是嵌入型生产方法创新，其推动产业生产方法变革的过程，就是生产方法创新型的产业融合的过程。当创新的生产方法成为该产业的主流生产方法时，产业融合就最终完成了。所以生产方法创新型产业融合，就单个企业的行动来说，意味着局部经济效益的增进；而产业主流生产方法的进化，意味着经济增长方式的转变。

（4）生产方法创新型产业融合的发生条件

第一，是否拥有生产方法创新所必需的技术支撑，以及该技术的变革能否为企业带来产出效率和产业效益的增加，是生产方法创新型产业融合发生的必要条件。第二，产业规制政策的调整。生产方法的创新使企业跨越了产业间的技术壁垒。

但是进入一个新的产业还可能面临着由政府的经济性规制所造成的政策性壁垒。经济性规制是指在自然垄断产业和存在信息不对称的产业，为了防止资源配置低效率和保证消费者的公平利用，政府部门利用法律权限对企业的进入和退出、价格、服务的数量和质量等加以规制。进入 20 世纪 80 年代以来，技术创新和融合改变了自然垄断产业的技术基础，引起自然垄断产业的成本函数和市场规模的变化，这些都在一定程度上改变了这些产业的自然垄断性质。再加上随着自然垄断概念的发展和变化，政府经济性规制所引起的负效应日益明显；全球经济一体化、国际间经济交往的迅猛发展也迫切要求政府放松经济性规制。在以上因素的综合作用下，自 20 世纪 70 年代后期起，西方经济发达国家对交通运输、电信、电力、天然气等自然垄断产业纷纷进行重大改革，其核心就是放松价格、准入等经济性规制，以提高自然垄断产业的运营效率。

在生产方法创新型产业融合的条件下，当产业融合只是改变了该产业的产出方式时，因为不存在产出结果的形态和功能的改变所以就不存在产业进入问题，自然也就不存在政府产业规制的影响问题。但是在产出结果跨产业的产业融合方式下，尤其是对嵌入型生产方法创新而言，产出结果的改变使融合后的产业属性发生变化，这意味着产业融合的发生不但需要一定的技术条件支持，使生产方法创新具有可能性，而且要求产业进入不存在政策性壁垒，使得产业外部的进入者可以携其进化的产出方式，对该产业原有的产出方式产生变革的压力。在技术条件具备和产业进入不存在障碍的情况下，生产方法创新型产业融合能否完成，就取决于这种生产方式创新的结果能否最终取得市场的成功。

二　内部化型产业融合的发生机制

虽然对产出效率和产业增长可持续性的追求可以通用于对很多经济现象的解释，但是在对内部化型产业融合的原因解释方面，对产出效率和产业增长可持续性的追求显得更为直接和明显。20 世纪 90 年代以来，许多经济发达国家的制造业企业纷纷进行战略转型，将其价值链逐渐后移，通过企业内价值链的跨产业整合，使"服务"而非"产品"日益成为这些制造企业价值链的重心所在。同样，许多传统的服务企业也凭借熟悉消费者需要和相关的技术优势，通过价值链的前移而进入与其所提供服务相关的制造领域。制造业与服务业跨产业融合而形成的"服务化"或"服务增强"趋势，使得传统上具有明确边界的制造业和服务业变得模糊起来。不仅如此，在其他的非服务产业，比如农业、采矿业和建筑业等产业领域，也出现了这种"服务化"或"服务增强"的现象，使传统意义上的三次产业之间的界限趋于模糊甚至消失。内部化型产业融合的一个突出表现，就是第一产业、第二产业、第三产业之间的分工，通过相关产品或服务的价值链整合，被内部化于一个企业；或者说，特定产业内的企业出现了内容相同的多元化经营，而且这种多元化大多是沿企业原有价值链移动而展开的。当这种企业内价值链整合的多元化经营成为原有产业内大多数企业的一种经营方向时，无论整合后的企业到底属于哪个产业，产业融合都已经完成了。因此，分析企业价值链跨产业移动的影响因素，就成为分析企业内价值链整合型产业融合发生原因的关键。

（1）内部化型产业融合的产业范式变化：信息化进程中"产品"与"服务"的界限趋于消失

传统产业革命所造成的产业分立条件下，三大产业之间不同的生产技术、工艺流程和对时空条件的要求，使农业、工业和服务业之间有非常清晰的产业边界。不同产业所提供的产品或者服务具有不同的特性、功能，分别满足消费者不同的消费需求，各产业之间的产出结果基本不具有可替代性。因此不同的企业都在各自特定的、具有清晰边界的产业范围内展开竞争，工业产品的定位非常明确，农产品、制成品和服务的边界清晰。而在信息化进程中，不同技术领域之间的持续聚合，起源于它们共有的信息产生逻辑。信息技术的发展使越来越多实物产品智能化、数字化、信息化，各种商业服务都可以以电子商务的形式，成为网上交换的数字产品。以数字技术为基础的网络互联，使生产者与消费者、产品与服务紧密联系在一起。产品只是一个待发生的服务，而服务则是实际上的产品。在这种情况下，只有同时既是产品、又是服务的供应才能满足消费需求。与此相适应，实物产品和服务的生产方式、生产特点及消费方式都发生了变化：实物产品的价值更多地体现在无形方面，越来越多的实物产品可以在消费者参与设计的过程中实行个性化定制，而服务产品可以以实物的方式提供，并且可以在远离消费者的地方大批量提供，"产品"与"服务"的界限趋于消失①。

（2）内部化型产业融合的市场诱因：产品差异化、客户消费的服务化

20世纪90年代以来，传统制造业生产能力的急剧膨胀使全球开始步入实物产品过剩的时代。从制造者的角度看，为了避开针对产品的价格竞争，开拓新的市场空间，很多制造企业开始实施产品服务化战略。产品服务化将产品与增值服务有机结合起来，增加了产品差异化程度，不但使竞争对手难以模仿，而且比通过地域扩张或产品线扩张具有更大的发展空间。从消费者的角度看，物质财富的极大丰富和生活水平的不断提高，使人类的消费方式和消费观念发生变化，消费者从工业经济时代注重物质财富的占有性消费，转变为知识经济时代注重解决问题的服务性消费，消费者即使购买产品实物，也是为了得到实物产品使用过程中所发挥的解决问题的功能和作用。

面对客户消费的服务化趋势，传统产业意义上的农业、制造业和建筑

---

① 周振华：《信息化与产业融合》，上海三联书店、上海人民出版社2003年版。

业开始重构它们的经营活动，由原来提供单纯的产品变为提供客户购买产品所需要的全套服务。"顾客服务生命周期管理"战略集中反映了对消费服务化的应对。这一战略提出，企业应该提供从一项需求的出现，到需求的明朗化、产品储存、分销、运送、交付、验收、安装、升级、修理乃至最后回收处理、价值评估等的整套管理服务。服务不再是提高产品竞争力和增加产品差异化的手段，而是成为企业增值的手段，产品只是服务的承载体。同样的道理，随着顾客对方便快捷服务业需求的增加和市场竞争的加剧，传统的服务企业在为顾客提供服务时，往往也向顾客提供享受其服务所必需的设施和物质产品，凭借其所熟悉的消费者需求和相关知识和技术，服务业也可以轻松进入相关设备制造业，从而模糊了服务业和制造业的界限。客户消费的服务化，是企业内价值链跨产业整合型产业融合重要的市场诱因。

（3）内部化型产业融合的范围经济逻辑：企业内可利用剩余资源的存在

企业跨产业的多元化业务，不管是沿着原有价值链前移，还是沿着原有价值链后移，都使企业具有产业经济活动范围扩大的特征，因此，企业追求范围经济效益的逻辑，也可以解释企业内价值链跨产业整合型产业融合的现象。企业扩大产业活动范围的目的之一，就在于获得范围经济效益，但这种获利动机，首先是针对企业内部存在的可利用剩余资源，或者具有更低成本获取外部资源的能力而言的。当企业内部存在着可利用的剩余资源，而这时企业既不可能将其用于扩大原有产出结果的规模（市场限制），又不可能通过出售这些剩余资源而获利，同时又不愿意放弃以更低成本获取外部资源的机会时，只要存在可能的范围经济效益，企业就会作出跨产业多元化经营的决策。

但是，就产业融合的角度看，企业内价值链整合型的跨产业多元化经营与一般意义上的企业跨产业多元化经营稍有不同，具有其内在的规定性。一般意义上的企业跨产业多元化经营，更强调风险规避或扩大经营规模，因此这些多元化的内容可能紧紧围绕企业原有的价值链条而展开，也可能在远离企业原有价值链条的不相关领域里另辟蹊径，即一般意义上的多元化经营的多元化方向与企业原有价值链之间不必然存在着相关性。所以企业究竟选择跨哪些产业展开多元化经营，主要是出于单纯的利润动机，就单个企业来说其跨产业方向选择是偶然的；就作为企业集合的产业层面来说，其跨产业的方向是散乱的，不具有规律性和趋势性。

内部化型产业融合更强调企业跨产业的方向与企业原有资产体系的通用性和关联性。波特在其著作《竞争优势》中指出，企业多元化经营战略的观念，已经由强调增长转变为强调效益，企业将更多的注意力赋予"适合"的业务单元，而将无关的或微弱相关的业务单元出售。跨产业的业务选择必须以分析企业业务单元之间关联性为基础，企业必须能够识别和挖掘既相互区别又相互联系的业务之间的关联，并且把业务单元之间的关联区分为有形的关联、无形的关联、竞争对手的关联[①]。波特在这里所说的"适合"、"相关性"即体现了基于共同的资产体系和核心能力的范围经济效应。

相比于一般意义上的跨产业多元化经营，内部化型产业融合所要求的跨产业经营的方向选择，更具有必然性和规律性。从企业多元化的外部因素看，消费服务化的市场特点，使企业必须重新定位自己的产品或者服务的性质，顾客中心替代单纯的利润目标成为企业多元化方向选择的首要动机。加强与产品使用相配套的互补性服务活动成为制造业企业多元化的必然选择，而进入与自己所提供服务具有替代性或互补性的产品的制造领域成为服务企业多元化的必然选择。消费服务化的市场压力，使不同产业内企业多元化经营的方向趋同性地朝着服务增值的领域扩展。

从企业内部可利用剩余资源的角度看，制造企业把与产品消费相联系的配套服务内部化于本企业，向消费者提供由产品、服务、支持、知识和自我服务合成的一体化解决方案，实际上是将经营活动顺着产品价值链下移延伸到服务业领域。在此过程中，制造企业充分利用了企业在产品制造方面的设计和研发优势、制造和组装的专业技术以及客户需求的经验资料等资源，相对于企业将要进入的产品服务领域而言，这些资源正是企业内可利用的剩余资源。同样，服务企业沿原有价值链将经营业务上移到制造业领域时，服务企业在服务客户过程中所积累起来的关于客户需要的特

---

① ［美］波特：《竞争优势》，华夏出版社 2005 年版。

点、差异以及对产品结构、性能等方面的专业知识和技能等，相对于企业将要进入的制造领域而言，同样也是企业内可利用的剩余资源。不仅如此，企业还可以利用这些剩余资源沿原有价值链的另外的角度展开跨产业的多元化经营①。

从不同产业的资产体系的差异角度看，这些剩余资源构成了企业原产业与所跨产业之间通用的资产基础（产品制造——基于该产品制造的服务或体验资源，服务——基于该服务的产品制造技术资源）。如果跨产业经营沿着企业原有价值链延伸的方向而展开，或者说要保证内部化于本企业的产业与原产业之间具有较高的资产通用性，那么企业多元化的方向选择就带有一定的规律性：如果单个企业跨产业经营的方向是必然的和基本确定的，那么作为企业集合的产业层面的跨产业经营的方向就是规律性的。当产业内多数企业都出现方向（内容）相同的多元化经营时，内部化型产业融合就出现了。从这个角度来看，"导弹宇航＋卫星通信服务"式的多元化比"导弹宇航＋火腿香肠"式的多元化更具有产业融合的性质②。

内部化型产业融合，无论是不同产业经济活动的重合，还是不同产业经济活动的合并，都可以通过两种方式实现：一是企业通过自建的方式，展开原属于其他产业的经营活动。另一种就是企业通过并购的方式，介入原属于其他产业的经济活动。不管企业采用哪种方式进行跨产业的多元化经营，其本质都是把原来从属于其他产业但是属于本企业价值链自然延伸部分的经营活动纳入到本企业内部，或称产业分工内部化。从产业融合的角度看，最初这种价值链跨产业整合型的多元化经营只是个别企业的行为。如果这种跨产业经营符合产业发展的规律，就会有原产业内的其他企业跟进，并最终形成企业集合的共同行为，促进产业融合发生。内部化型产业融合发生的基本条件是：

① 比如，德国大众公司兴建了自己的汽车主题公园。世界上最大的家具零售商瑞典宜家公司致力于将其公司的家具商店变成家庭旅行的好地方。休闲农业中传统农业的生产过程、生产手段和生产场景都可以变成创造价值的资源。这些都是企业充分利用自身剩余资源延伸价值链或改变价值链方向而展开的跨产业多元化经营。当然，这些经营内容既是为客户提供娱乐休闲的价值创造活动，也是以产品体验为基础的与客户建立新关系的服务方式。
② 李美云：《论服务业的跨产业渗透与融合》，《外国经济与管理》2006年第10期。

　　一是追求经济效益的企业商业模式创新。生产方式进化型产业融合的发生有符合经济发展规律的内在支撑条件：技术进步和产出方式进化。技术进步和与此相联系的产出方式进化是产业增长和经济进步的一般要求，因此产出方式进化型产业融合的趋势和经济进步的内在要求具有一致性，在产业规制政策调整的情况下，产出方式进化型产业融合的发生也就具有必然性。相比之下，内部化型产业融合的发生对技术进步的要求较低或者没有要求，而对经济性的要求比较突出。个别企业的跨产业多元化经营的经济效益显著时，才会有产业内的其他企业跟进，跟进企业跨产业经营的方向趋同时，产业融合才有可能。产业内大多数企业都出现内容趋同的跨产业多元化经营时，产业融合才能完成。但是在经济服务化的产业发展潮流中，企业沿着原有价值链的自然延伸而跨产业经营，从而使第一次产业、第二次产业和第三次产业之间出现渗透和融合的现象，正成为产业发展的明显趋势。

　　二是产业规制政策的调整。企业要进行跨产业的经营活动，把原来不属于本产业的经济业务活动内部化，同样存在着产业进入的政策性规制问题，因此产业规制政策的调整同样是内部化型产业融合得以实现的必要条件。

三　整合型产业融合的发生机制

　　整合型产业融合发生的原因是：

　　（1）信息时代中的客户中心化和"速度经济"对传统企业的挑战

　　20世纪90年代以来，在数字化和信息化的浪潮中，消费者的市场地位、消费行为以及市场竞争的日益激烈，对传统企业的经营方式构成了严峻的挑战。首先，买方市场条件下消费者主导权和主动权的确立，使企业的经营体制必须围绕消费者自下而上构筑，战略上对消费者的高度重视，使企业必须在保证效率和控制成本的基础上提供多样化的产品和服务，市场细分对企业服务成本和服务效率构成巨大压力。其次，以个人收入水平和余暇时间的增加等情况为背景，消费者价值和生活类型的多元化与个性化，使企业必须满足消费者对产品和服务越来越高的期望，顾客中心成为企业生存的基本法则。最后，面临速变、瞬变、多变的全球竞争环境，"速度"是企业生存要面临的最大挑战：产品寿命周期越来越短，革新换代速度加快，企业不但要面临巨大的产品开发压力，而且在产品开发和产品上市之间的活动余地越来越小；越来越短的交货期和响应周期，使企业的市场机会稍纵即逝。因此，缩短产品的开发、生产周期，在尽可能短的时间内满足用户的多样化需求，使传统企业面临严峻的生存压力。

（2）企业组织形态的变化：业务归核化和企业组织模块化

经营环境的变化要求企业的组织形态必须随之作出适应性的调整。自第二次产业革命到 20 世纪 80 年代，企业的组织形态经历了从强调规模和效率的纵向一体化模式到突出业务多元化的多职能事业部制（即 M 型结构）的变化。20 世纪 80 年代以来，竞争的压力又使企业从纵向一体化战略转向业务聚焦化战略或业务归核化战略。纵向一体化逐渐被横向一体化（回归主业，进行横向联盟）所取代，越来越多的制造企业不断将大量常规业务外包出去，只保留最核心的业务。这种归核化战略在 20 世纪 90 年代成为了一种全球性的趋势，威廉姆森（1975）的不确定性、交易频率和资产专用性理论可以很好地从经济理论上解释这种现象。20 世纪 90 年代中期以来，企业的组织形态在业务归核化的基础上又出现了模块化组织和模块化簇群的特征。按照青木昌彦（Aoki，2003）的定义，"模块化"（Modularity）是指半自律性的子系统，通过和其他同样的子系统按照一定规则相互联系而构成的更加复杂的系统或过程。模块化包括了业务的模块化、能力要素的模块化、组织结构的模块化和组织结构的模块化簇群。

根据模块化组织的内在机理，传统以企业组织业务划分的企业边界，转变为以组织能力划分的企业边界，突出核心能力要素的模块化企业更具有灵活性，更能够适应市场和战略伙伴的要求：供应企业和设计企业可以有效地联手制造企业和分销企业来向消费者提供创新型的、更符合客户需要的产品，以更好适应快速变化、竞争加剧的市场环境。以市场机会为引导，突出核心能力要素的供应、研发、设计、制造、流通、分销企业在统一的市场和价值"规则"的整合下实现灵活有效的对接，企业不再具有完整的产品价值链，而是在核心能力要素模块化的基础上，或者成为价值星系、价值网络的整合者，或者成为网络中的节点企业，网络中的企业形态由单点变为多点。总之，企业组织的模块化不但可以快速进行自身资源的整合，更重要的是可以快速地进行跨企业、跨产业的资源和核心能力整合，这是整合型产业融合发生的企业组织条件①。

（3）整合型产业融合的价值协同创造功能

20 世纪 80 年代以来，企业新的制造技术和战略方法的应用，如适时制造、看板管理、精益制造、全面质量管理等，使单个企业在其内部生产环节中通过降低制造成本来进一步增加利润和市场占有率的空间变得非常有限，而产品全生命周期中整个供应链的费用节约效应和价值创造功能，成为企业价值创造的新的增长点。

首先，产品全生命周期概念的提出，使经营者将目光从管理企业内部生产过程转向客户中心化的整个产品供应系统，把从产品的市场需求分析、工程设计、制造装配、包装运输、营销到使用乃至报废的整个过程的优化作为一种战略的需要来加以整合。

其次，从价值创造的角度看，波特的价值链理论认为，价值链不但涵盖企业内部的所有能够为企业创造价值的活动和因素（内部后勤、生产作业、外部后勤、市场营销、服务等基本活动以及企业基础设施、人力资源管理、技术开发和采购等辅助活动），而且供应商价值链、企业价值链、渠道价值链和买方价值链构成了整个价值系统，没有一个企业的业务活动可以囊括所有的价值系统，因此企业价值链的整合与优化必须与企业外部的整个价值系统实现协调。

最后，从企业网络的角度看，产品只是满足客户需要的一个载体，由客户需求而拉动的整个供应链能否在恰当的时间、恰当的地点提供恰当的产品和服务成为市场竞争力的决定因素。企业网络通过供应链中不同企业的制造、组装、分销、零售等过程，将原材料转换成产品并提供给最终用户；通过虚拟企业中不同企业核心资源能力要素的整合，企业网络中的所有企业作为一个不可分割的整体，组成一个协调发展的有机的整体网链，更好地实现价值的协同创造功能。不同产业内的不同企业之间通过跨越正式组织边界的连接与合作而实现价值协同创造是整合性产业融合发生的基

---

① 罗珉：《大型企业的模块化：内容、意义和方法》，《中国工业经济》2005 年第 3 期。

础动因。

　　研究整合型产业融合发生路径的关键是要说明企业网络主导者的发起机制、启动因素、整合策略和整合步骤。通过企业网络所形成的价值网络有价值星系、模块化簇群、价值网格等几种类型。虽然价值模块整合强调节点企业的能力协同以及节点企业价值模块意义上的自组织性，但是整个价值链的组建、整合、协调运作却需要企业网络的主导者（动态联盟中的"盟主企业"、虚拟企业形式下的"核心企业"、价值网络中的"网主企业"）来承担，具有独特市场洞察力和敏锐性的价值链整合就成为企业网络的主导者[①]。

　　企业间价值链整合的直观动机就是为了在瞬息万变的市场环境中抓住营利机会，这种机会可能是显性的，也可能是隐性的，并具有时间约束性及效益风险性等特征，所以价值链整合商对市场机会的快速识别和把握是企业间价值链整合的启动环节。价值链整合商在捕获客户需求信息的基础上，通过和客户的进一步沟通和协调，形成价值网链整合的策略计划，这种策略和计划决定了整个价值网链的组织运转方式和效果。价值网链整合商对节点企业的选择集中体现了"只有第一，才能入围"的模块化竞争规则，整合商必须识别不同企业是否具有网链整合所需要的核心功能以及该企业的敏捷性如何，努力找到不同企业资源之间的联系和互补性，界定和整合价值模块意义上的节点企业的功能。对合作企业的选择至关重要，因为网链的价值创造能力最终要取决于异构性的节点模块在网链范围内以客户为中心的动态配置水平和绩效。当合作节点企业确定后，网络协议规定了节点企业之间的权利义务、技术标准、功能标准、剩余分享、风险承担等契约条款，这类似于模块化运营中的接口标准和界面规则。在网络协议确定的基础上，围绕客户需要的研发、设计、制造、营销、服务等合作节点企业以动态联盟或虚拟企业的形式展开应用集成，为客户创造价值。虽然这样的动态联盟或者虚拟企业之间的合作可能是长期的（在供应链中）也可能是一次性的或者偶然性的（在虚拟企业中），其合作伙伴不一

---

　　① 俞荣建、吕福新：《基于模块化与网络技术的价值网格》，《中国工业经济》2007 年第 6 期。

定固定，合作形式也会调整，但在企业追求经济租金的内在驱动下，作为主导企业的一种商业模式创新，这种价值网链的整合却具有一定的必然性。整合型产业融合不是企业网络组建的目标，而是企业网络在追求共同价值目标过程中的一种事实和结果。并且企业网络作为"组织"与"市场"之间相互渗透的中间组织形式，既降低了一体化组织内部科层组织的僵化与冗余，又降低了完全的市场协调所带来的较高的交易成本。作为"看得见的手"和"看不见的手"在一个组织网络中的共同作用，企业网络体现了企业组织形式在现代经济运行环境下的适应性调整，代表了现代产业组织形式变化的一个新的方向和特征，这是整合型产业融合所具有的符合经济发展规律的内在支撑。

第三节　产业分工深化的传统路径

一　分工理论的简要回顾

1. 马克思对分工协作的研究

在批判地吸收斯密分工理论的基础上，马克思强调了分工的极端重要性，他认为一个民族的生产力发展水平，最明显地表现于该民族分工的发展程度。任何新的生产力，只要它不仅仅是现有生产力的扩大（例如开垦新的土地），都会引起分工的进一步发展。将分工与协作联系起来，是马克思分工思想的重要创见。

（1）分工与协作能够产生一种集体力形式的生产力。与亚当·斯密不同，马克思认为分工提高劳动生产力的原因是分工组织所产生的协作力。工场手工业同手工业活动的分解，劳动工具的专门化，局部工人的形成以及局部工人在一个总机构中的分组和结合，造成了社会生产过程的质的划分和量的比例，从而创立了社会劳动的一定组织，这样就同时发展了新的、社会的生产力。通过协作创造了一种生产力，这种生产力本身必然是集体力。

（2）区分了社会分工和生产组织内部分工，并揭示了这两种分工的交互作用。社会分工不同于生产组织内部分工，但二者是同一问题的两个不同的方面。社会分工的劳动是相对完整和独立的，在资本主义商品经济中，以商品交换作为媒介实现其总体联系。而生产组织内部分工的劳动是单一的片面劳动，在生产组织内部，以资本家或管理部门的共同指挥作为媒介实现其总体联系。与此相联系，"在工场手工业中，保持比例数或比例的铁的规律使一定数量工人从事一定职能；而在商品生产者及其生产资料在社会不同劳动部门中的分配上，偶然性和任意性发挥着自己的杂乱无章的作用"，"在工场内部的分工中预先地、有计划地起作用的规则，在社会内部的分工中只是在事后作为一种内在的、无声的自然必然性起着作用，这种自然必然性可以在市场价格的晴雨表的变动中觉察出来，并克服着商品生产者的无规则的任意行动"。生产组织内部分工以社会分工的发展为前提，其进一步发展依赖于社会分工体系的扩大；社会分工又是以生产组织内部分工的发展所导致的劳动多样化创造出新的生产部门而不断扩大的。

（3）分工的制度内涵。马克思认为分工不仅是单个企业的生产组织制度，也是整个经济活动的生产组织制度。同时，分工不是没有历史背景的生产要素组合，而是以特定的经济制度尤其是生产资料所有制为前提的，是所有制在具体生产组织上的反映。

2. 马歇尔关于分工的理论

马歇尔把因任何一种产品的生产规模之扩大而发生的经济分为两类：第一类取决于产业的一般发展，即外部经济；第二类取决于从事工商业的单个企业的资源、它们的组织以及它们的效率，即内部经济，并以代表性企业为例，从外部经济和内部经济两个方面，在工业布局、企业规模生产、企业经营职能三个层面分析了分工对报酬递增的积极作用。

首先，具有分工性质的企业在特定地区的集聚，可以由于协同的创新环境、共享辅助性工作的服务和专业化劳动力市场，平衡劳动需求结构和方便顾客等而获得外部规模经济提供的利益。

其次，企业的大规模生产通过"技术的经济"、"机器的经济"、"原料的经济"等内部经济可产生报酬递增。

最后，私人合伙企业、股份公司、合作社等组织对职能分工的发展有利于企业家的形成，分散经营风险从而实现报酬递增，保持企业生命力。

进入 20 世纪以后，以马歇尔为代表的新古典经济学的研究视线逐渐从经济组织转向了制度既定前提下的资源配置，分工理论也就逐渐淡出了主流经济学。

3. 阿林·杨格的分工思想

阿林·杨格的经典论文《报酬递增与经济进步》，从分工、交易和市场范围的关系，重新阐发了斯密关于分工与市场规模的思想。

（1）递增报酬的实现依赖于劳动分工的演进。"迂回生产"造成原材料生产者和最终消费者之间插入越来越长的产业链条，此链条上每个环节中产品的种类数的增加造成了企业之间、产业之间更大的专业化协作效应和市场网络效应，以及内生于这种循环积累过程中的技术进步，生产效率的提高和经济增长的原因正在于此。

（2）"分工一般地取决于分工"。市场大小决定分工，而且分工也决定市场大小。首先，分工的发展取决于市场规模。杨格认为，美国较高的生产率来源于较高的专业化分工水平，而美国不受关税壁垒束缚的广阔的国内市场是分工水平提高的原因。其次，市场规模的大小取决于分工。杨格指出，"市场概念在包容的意义上是与商贸联系在一起的生产活动的总和"，"根据这种广义的市场概念，亚当·斯密的定理可以改写为分工一般地取决于分工"。总之，市场与分工的作用是相互的，二者之间的正反馈作用才是经济增长的不竭动力。

（3）需求与供给是分工的两个侧面。杨格认为，"经济学家们为分析供求与价格关系所建立的框架……可能把注意力转移到本应看做整体的偶然或局部方面"，要全面地分析这个问题，"最简单的方法是从研究相互的需求的作用开始。……在报酬递增条件下商品竞争性地交换和生产时……一种商品的供给有少量的增加，就会伴随着与这种商品相交换的其他商品数量的增加。某一产业的增长率是以其他产业的增长率为条件的"。供给与需求，是分工所引起的网络效应的两个方面，应该作为一个整体来考察。追求产业效率的提升，不能简单地只靠企业规模的扩大，还要考虑整个行业和相关行业的分工和专业化水平。

4. 斯蒂格勒的分工理论

杨格之后，主流经济学的研究核心依然是既定经济组织下的资源配置问题。但是，新古典分析框架的缺陷妨碍了经济学对现实生活的解释力，许多经济学家再次认识到分工思想的重要性。斯蒂格勒指出，观察产业的整个生命期，会发现占主导地位的其实是垂直非一体化。年轻的产业对现存经济系统来说比较陌生，它们制造产品所需的新材料只能由自己制造，它们还必须亲自劝导顾客购买它们的产品，必须自行设计、制造专业设备并培训员工。当该产业具有一定规模且前景看好时，专门的商业机构认为提供原料、产品营销、培训员工等就有利可图，于是分工得以发展。而当产业衰落时，变小的市场规模不足以维持原先的分工，这些产业又会被重新一体化。斯蒂格勒还对交易效率之于专业化分工和专业化水平之于企业规模大小的影响作了分析，并认为区域化是获得专业化利益的一种方式。

5. 以杨小凯为代表的新兴古典经济学的分工理论

以杨小凯为代表的新兴古典经济学关于分工和报酬递增的研究思路是：分工是一种制度性与经济组织结构性安排，能否实现高水平的分工与交易效率有关。分工的演进扩大了市场规模，而市场规模的扩大反过来又促进了分工的发展，同时使交易费用上升，但只要劳动分工经济效益的增加超过交易费用的增加，分工就有进一步演进的可能。通过大量的关于分工组织的试错试验，人们可以获得更多的关于分工组织的制度性知识，从而选择更有效的分工结构，改进交易效率。分工可以使人们获得技术性知识的能力增强，形成内生技术进步和经济发展。这种自发的演进过程可以描述为：在经济发展的初期，生产效率很低，人们只能选择自给自足。随着劳动技能的增加和生产效率的提高，经济开始逐步发展，人们可以承担一定的交易费用，通过交换各自的劳动产品，初步的分工和专业化开始发展。专业化的发展加速了经验的积累和技能的改进，生产效率进一步提高，经济发展加速，人们衡量专业化分工将带来的效益和增加的交易费用后，认为增加交易费用是值得的，就会对新的分工组织形式进行实验，这将进一步提高分工水平，从而形成一个正反馈过程，使分工演进加速。

6. 对分工理论的简单评述

马克思继承和发展了斯密的分工理论，创造性地将分工和协作联系起来，区分了社会分工和生产组织内分工，认为两者之间存在着动态的交互关系，认为斯密将分工的起源归结为交换是颠倒了因果关系。马歇尔延续斯密将企业内部分工等同于社会分工的观点，强调了社会分工及外部经济的自然增长是促进企业规模扩大的唯一因素，抽象掉了组织内部经济变化的作用。杨格论证了市场规模与迂回生产、产业间相互作用、自我演进的机制，使斯密定理动态化，从而超越了斯密关于分工受市场范围限制的思想。但是，杨格无法将他的思想数学化，因而，他的思想无法得到主流经济学的重视。斯蒂格勒用分工理论来解释生产的制度结构和长期经济增长之间的内在联系，从产业生命周期角度分析了"市场容量决定分工"这一命题的正确性。以杨小凯为代表的新兴古典经济学家力图应用超边际分析将斯密的分工理论和科斯的交易费用理论结合起来，建立一个内生的企业制度演进理论。但是同斯密一样，杨小凯也混同了生产组织内部分工和社会分工的概念①。在杨小凯的分析中，经济发展初期较低的生产效率下人们选择自给自足；随着经济的逐步发展人们开始选择分工与专业化。在这里与自给自足相对应的那种分工实际上是社会内部分工而不是生产组织内部分工，组织内部分工是生产力发展的产物，从社会内部分工到生产组织内部分工经历了漫长的经济社会发展历程。

二　劳动的社会分工与组织内分工

人类劳动的自觉性、目的性和社会性决定了其最基本的活动方式采取分工形式。所谓分工是指社会总劳动划分为互相独立而又互相依存的若干部分，与此相适应，社会成员固定地分配在不同类型的劳动上。分工是"不同种类的劳动的并存"。从人类劳动过程的发展历史来看，分工可以区分为自然分工和历史分工。自然分工是指基于人类性别差异的生理分工和基于自然环境差异的地域分工。历史分工是人类劳动在生产发展的过程中逐渐突破自然和生理对人类活动方式的限制而发展起来的分工形式，一般称之为社会分工。社会分工包括一般分工和特殊分工：一般分工是指各

①　刘辉煌：《关于分工的经济学：历史回顾与近期发展》，《财经理论与实践》2004 年第 7 期。

个劳动领域之间以及各领域劳动者之间的分工，比如农业、手工业和商业的分工，后者是指各个劳动领域内部不同劳动部门之间的分工以及劳动者的职业分配，比如农业内部的农、牧、渔等行业和农民、牧民、渔民等职业。社会分工的形成，使人类劳动成为"在社会中而且通过社会进行的劳动"。

在社会分工的自然状态下，劳动分工是在相对小范围的、分割的地点进行的直接的社会劳动。在社会分工的商品经济状态下，个别的局部劳动才因交换的作用而具有内在的社会性。资本主义商品经济形态下的社会分工，不仅进一步扩展了一般分工和特殊分工，而且在劳动过程中产生了新的分工形式——资本主义生产组织内部分工。生产组织内部分工是指直接生产过程中不同工序和职能的划分，以及雇佣劳动者在具体工作上的职务分配。社会分工的劳动是相对完整和独立的，在资本主义商品经济中，以商品交换作为媒介实现其总体联系；而生产组织内部分工的劳动是单一的片面劳动，在生产组织内部，以资本家或管理部门的共同指挥作为媒介实现其总体联系。

三　产业分工是生产组织内分工社会化的结果

产业可以定义为具有使用相同原材料、相同工艺技术或生产产品用途相同的企业的集合。产业分工就是整个社会经济不断地分化为更多、更窄也更专业化的产业领域的过程和状况。劳动的社会分工是人类劳动发展到一定历史阶段的结果，体现了人类的整体劳动在相互分离基础上的社会结合特性。劳动的社会分工实际上表现为不同层次上的产业分工，产业分工体现了人类劳动分工的社会性质。在社会经济发展的初期阶段，分工很不发达，社会分工表现为农业、手工业和商业等大部类产业之间的分立和联系；随着社会经济的发展，尤其是资本主义生产组织的出现和生产组织内的分工的发展，社会分工日益表现为更加广泛领域里的多层次、系列化的产业分工。产业分工的深度、广度和结构以及与此相联系的社会生产的专业化水平，都成为社会经济发展水平的标志。产业分工的发展程度体现了社会分工水平的高低。

产业分工的发展表现为新产业的出现，新产业的出现是生产组织内部分工独立化、社会化的结果（这里暂时把促进组织内部分工发展和支撑组织内部分工独立化的市场规模条件设为既定）。产业分工与生产组织内分工的相互作用，就包含在分工的"内涵式"发展的演变过程中。从亚当·斯密到阿林·杨格，分工对经济效率提高的作用得到充分的强调。"斯密定理"揭示了分工（亚当·斯密所说的分工实际上并不具产业分工的意义）发展的制约因素，杨格则用迂回生产方法的经济说明了"社会规模报酬递增"的分工效应。迂回生产的本意是使用人造的工具或机器，采用间接生产的过程，提高生产率，拉长产业活动的链条，从而使分工过程进一步发展，因此迂回生产的经济实质就是一种组织内分工环节不断的细化和深化、中间产品不断复杂化的过程。杨格指出，经济发展过程本身就是在初始生产要素与最终产品消费者之间插入越来越多的生产工具、中间产品、知识的专门化等生产部门，使分工变得越来越细；反过来分工的作用也就在于造成越来越迂回、越来越间接的生产方式，从而不断把先进的、更专业的生产方式引入到生产过程中来，其结果是生产率的提高。就是在这种分工的"内涵式"发展过程中，随着市场范围的扩大，生产组织内部的分工使产业的链条越拉越长，每个生产链中中间产品的数量越来越多，当市场的规模足以支撑这些中间环节、中间产品的独立化和专业化时，原先的产业就分裂为更多、更专门化的生产部门，即产业分工进一步扩展。

四　产业分工深化

无论是社会分工还是生产组织内部分工，都具有提高劳动生产率的作用，但是分工对劳动生产率的提高依赖于技术演进过程中分工的这两个层次不断相互作用的深化过程。

一方面，生产组织内部分工以社会分工的发展为基础，其进一步的发展依赖于社会分工体系的扩大所带来的市场规模的支撑。首先，社会分工的发展使市场需要急剧膨胀，当资本主义的生产组织的生产能力无法满足市场需要时，才出现了某个部门的相当数量的工人在资本的指挥下结合而成的资本主义生产组织——手工业工场。其次，只有当社会分工体系扩大导致足够大规模的市场支撑时，生产组织内部的分工才可能进一步细化、深化，并使生产组织内部分工从手工劳动为主的分工演进到机器体系分工，进而演进到流水线作业分工。

另一方面，作为不同劳动领域分离的社会分工体系，社会分工的发展又取决于生产组织内部分工的发展和不断扩大。首先，从由生产组织内部分工导致的劳动生产率的提高来看，劳动生产率的提高使商品数量大增，在流通领域的扩大过程中使资本主义生产方式不断扩展其分工体系；劳动生产率的提高节省了社会劳动，从而使剩余劳动可以开发一系列崭新的生产部门，使社会分工体系不断扩展；劳动生产率的提高增加了剩余价值，剩余价值造成的消费需求和资本积累也使社会生产部门增多。其次，从生产组织内部劳动分工的特点来看，分工把劳动操作分解成不同的操作过程和操作环节，在生产规模扩大的情况下，原来同一产品的各个组成部分现在被当做相互独立的不同商品来生产，这些从商品组成部分中独立出来的新的商品，其生产过程中还会发生类似的分离。在市场规模的支撑下，这种分离不断形成新的社会生产部门。生产组织内部从手工劳动分工演变到机器体系分工的过程，就是工业从农业中分离和工业内部的社会分工体系不断深化和细化的扩展过程。总之，"现代工业从来不把某一生产过程的现存形式看成和当做最后的形式"，生产组织内部劳动过程中建立在分工基础上的技术进步、技术创新和技术变革，在不断催生出一系列新的社会生产部门的同时，也进一步深化了生产组织内部分工的独立化和专业化。在生产组织内部分工和社会分工互动的演进过程，产业分工不断发展并呈现出体系化和结构化的特点。

第四节　产业融合对产业分工的深化效应

分工和专业化是经济增长的源泉，迂回的生产方法使产业链条不断拉长，使每个产业链条上的中间产品或服务的数量增多。在技术进步和市场规模扩大的双重作用下，拉长的产业链条、链条上中间产品或服务的生产的独立化、企业化和社会化就形成了新的产业。产业本身的形成是分工和专业化的结果，或者说，新的产业的出现源自分工和专业化的力量。但是产业融合的发生，使产业之间分立的状况出现变化。在产业间技术融合、业务融合、价值融合以及产业政策相应调整的前提下，原来分立的产业之间出现了不同程度、不同形式的融合趋势。然而，产业融合并不是对传统产业分工路径的否定，相反，产业融合不断催生新的产业，成为产业分工的新路径和新起点。

一　产业融合的不同程度和不同层级

如果说分工的基本含义是由两个或两个以上的个人或组织去执行原来由一个人或组织所执行的不同操作或职能，那么融合的基本含义是由一个人或一个组织去执行原来由两个或两个以上的个人或组织所执行的不同操作或职能。从理论上说，存在分工的地方，就有可能存在融合。要考察产业融合对产业分工的影响，必须区分产业融合的程度和产业融合发生的产业层级。

（1）产业融合的不同程度

如果我们不仅把融合看做一种静态的结果，而且将其看做一种动态的过程，融合就不仅是一个从"完全分工"到"完全融合"的发展历程，而且包含着从"完全分工"到"完全融合"之间不同的进展程度和状态[1]。实际上，发生在现实经济生活中的产业融合现象，基本上处于部分融合的状态，两个或多个产业之间实现完全融合并最终消灭原有产业分工的情况还没有出现过。即现实中的产业融合只是处于部分融合的程度，"交叉"、"延伸"、"渗透"、"重合"、"合并"、"兼并"、"整合"等是描述这种部分产业融合时最常见的词语。但是，很多研究者并没有对产业融合的程度作出区分。实际上，产业交叉、延伸、渗透都只是产业融合发生的不同状态和表现形式；交叉和延伸意味着产业之间的部分重合，渗透则强调了发生融合的产业之间的主导者和方向性。产业渗透融合总是发生在

---

① 胡永佳：《从分工角度看产业融合的实质》，《理论前沿》2007年第8期。

具有一定技术、增长率落差的产业之间，产业渗透体现了相对高级产业对相对低级产业的改造和提升。兼并、合并、整合更多地用来描述与产业融合相关的组织变化。产业融合并不意味着产业分工的绝对抵减，而是意味着产业分工的深化和更高层次上的展开。

（2）产业融合发生的不同层级

发生在两个或多个产业之间的产业融合，造成原有产业之间技术、产品、业务、市场的交叉和替代，使原有的产业分工状态和竞争合作关系发生变化。但是产业融合对产业分工的影响程度和方式在不同的产业领域里各不相同。理论上来讲，在存在紧密替代关系的同一层级的产业之间，当产业深度融合之后的新产业部分或全部替代了原来的多个产业时，原有产业数目会减少，原有产业分工的范围会收缩。但是，在融合后的产业内部，也即新的产业层级上，分工和专业化仍然是产业效率提升的推动力量。而现实中更多的情况是，不同产业之间通过相互交叉、渗透产生了新的产业形态，新产业和原有产业并行存在，并在一定程度上形成对原有产业的替代和补充，即新产业的出现使产业分工广化和深化。

二　产业融合催生新型产业形态

在分工与专业化经济效应的作用下，产业分工的逻辑是线性推进的。产业分工的历史过程和分工程度形成了一种树形的分工体系，即产业分工在迂回的生产环节和链条不断拉长的过程中沿着线性方向深化和细化，技术进步和创新发生在产业边界之内，分工与专业化的发展是新产业形成的推动力量。产业融合通过不同产业之间的技术交叉和功能渗透，不断催生新的产业；新产业的发展仍然要遵循分工与专业化的内在规律，产业融合使产业分工在新的产业层级上展开。从严格的意义上说，两个或多个产业之间融合而形成的产业，具有和融合之前的产业不同的技术基础或产品属性，因而可以将其视为一种新的产业。在传统工业时代迂回生产的经济中，技术进步多发生在特定的产业边界之内，一项新发明、新技术、新工艺的出现，都可能导致一种产品的改良和更新或者导致一种全新产品的出现。前者引起原有产业的产品、技术创新，后者则代表一个新产业的诞

生。传统产生技术进步和产业创新的路径见图 2－4 所示。但是，产业融
合下的新产业，是技术进步发生在不同产业边界处的特定产物，是跨产业
融合型新产业，见图 2－5 所示。

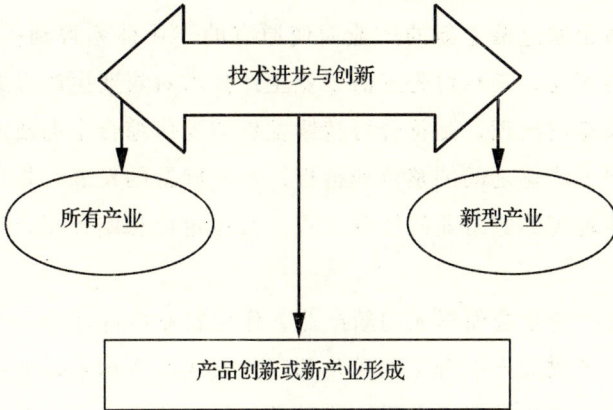

图 2－4　传统产业技术进步与创新路径

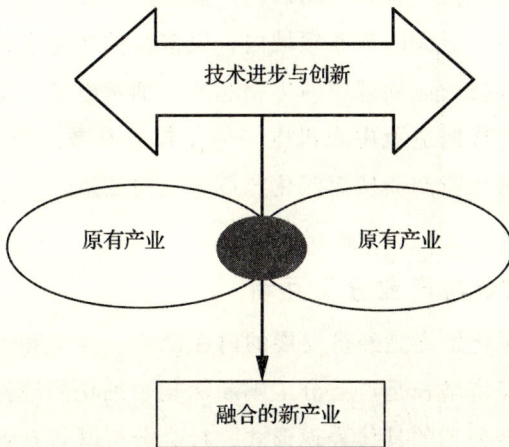

图 2－5　技术进步与融合的新产业

　　在图 2－5 所示的产业融合中，技术进步发生在原有不同产业的边界
处，不同产业之间技术交叉、渗透所催生的新的产业，不属于原有两种产
业中的任何一种，它融合了两种产业的技术和功能而形成了新的产业。这

种新产业的形成过程就具有技术进步基础上的新的产业分工的意义①。这种形式的融合并不具有分工的反向运动的性质,"融合"只表示和传统分工和专业化基础上的技术的内生性相比,新产业的技术进步来源于产业之外。融合并不意味着新产业对原产业的替代或使原产业的产业空间缩小,相反,产业融合通过催生新的产业而使原有的产业体系得到扩展。比如,工厂化农业的兴起,是相对先进的工业生产技术对农业生产方式的改造和提升;生态农业的出现,是符合可持续发展的现代综合生态技术和理念对农业内部不同子产业之间的整合和链接;农业旅游的发展,是传统农业的资源与服务业范畴的旅游业的经营方式、目标定位相结合而产生的新的农业产业形态。

这些通过产业融合而形成的新产业,作为农业内部新的生产方式或产业形态,推进了农业产业分工的深化和现代农业产业体系拓展;从产业发展和产业结构高级化的意义上看,这种类型的产业融合意味着技术和收入弹性相对高级的产业对技术和收入弹性相对低级的产业的渗透和提升,即融合型的新产业,总是代表着更高级的产业生产率和产出效率,从而代表着产业发展的方向。更大的产业领域内,很多新的产业形式的出现都具有类似的性质。高科技产业领域中的生物芯片、纳米电子、生物制药等高新产业的出现以及现代制造业中光机电一体化技术和数控机床产业的出现,都具有产业融合催生新产业从而深化产业分工的性质。

三 产业融合与产业分工互动

产业分工的深化始终是经济发展的内在规律。分工和专业化所带来的内生技术进步和经济增长是产业分工不断深化、细化的理论支撑。产业分工是人类劳动社会分工的具体表现形式,社会分工既包括各个劳动领域之间以及各领域劳动者之间的分工,比如农业、手工业和商业的分工,也包括各个劳动领域内部不同劳动部门之间的分工以及劳动者的职业分配,比如农业内部的农、牧、渔等行业和农民、牧民、渔民等职业。因此,产业

---

① 周振华:《信息化与产业融合》,上海三联书店、上海人民出版社 2003 年版。

的范围既包括作为社会经济的各个劳动部门的农业、手工业和商业，也包括某一劳动部门内部的次级产业，比如农业内部的农、牧、渔等产业。产业分工使整个社会经济在产业的层面上结构化和体系化，产业分工的发展程度和产业的结构、发展方向与一个经济体的经济发展水平息息相关。从静态的角度看，产业分工的发达程度是一个经济体经济发展水平的标志，马克思认为"一个民族的生产力发展水平，最明显地表现于该民族分工的发展程度"；从动态的角度看，产业分工的演进有其内在规律，不同的产业形成于不同的历史时期，出现越晚的产业，越代表着新的消费需求和新的技术条件，因而具有更高的生产率上升率和更高的收入弹性。一个经济体的产业结构的高度化，就是高生产率上升率和高收入弹性的创新产业不断出现、逐渐替代和改造旧的产业部门的过程。产业分工的不断深化，始终是经济发展的内在规律。

产业融合是现代产业经济发展的新趋势和新特点。产业融合反映了与分工和专业化相联系的产业分立状态在现代经济条件下的相应变化。新的产业形态的出现和产业协作的内部化、网络化是产业融合的突出表现，产业融合反映了分立的产业之间由于技术进步、业务渗透、价值链整合所形成的一种融合、协作、协调的趋势和状态。产业融合是一个动态的发展过程，从融合程度来看，产业融合包括了从特定产业之间的分立到特定产业之间的完全融合的全部中间状态；从融合方式来看，产业融合既包括技术的融合所造成的产业间生产方式和产出结果的趋同，也包括经济服务化所造成的产业间分工的内部化，以及基于产业间核心能力整合、价值链整合而形成的企业网络。从这个意义上说，产业融合与产业分工反映了产业发展进程中的两种状态、特点和发展趋势。从经济发展的历史过程来看，产业分工的深化始终是产业发展的内在规律，产业融合反映了新的经济条件下产业之间延伸、交叉、渗透、协作、整合的一种新的关系状态。产业分工是产业融合的基础；产业融合的深度发展，使产业分工在一个产业层级上模糊、消失之后，在新的产业层级和新的产业方向上重新展开；分工和专业化的经济效益在产业融合与产业分工的依存和转换中不断得到深化和强化，产业融合与产业分工作为两种交叉互动的产业发展趋势共同推进着现代产业经济的发展。

第三章　产业融合推进
现代农业发展

将产业融合理论扩展至农业发展领域，探讨以产业融合推进我国现代农业发展的路径具有重要的理论和实践意义。本章在论述现代农业的含义、特点及其内在发展机理的基础上，从现代农业的产业结构升级、现代农业的多功能性、现代农业生产经营体系等三个方面分析了产业融合推进现代农业建设的必然性，并从城乡协调发展的角度对以产业融合推进我国现代农业建设的必要性和可行条件进行了分析。

第一节　现代农业的含义、特点
及其内在的发展机理

一　现代农业的界定

关于农业的不同发展阶段，国内外学者比较一致的看法是"三分法"，即农业发展史可以划分为原始农业、传统农业和现代农业。原始农业出现在新石器时期，这一时期的人类使用简陋粗糙的工具，采用刀耕火种和轮垦种植的耕作制度，依靠长期休耕的方法去自然恢复地力，而不是靠人工的栽培耕作技术去提高土壤肥力。传统农业是农业发展史上的第二个阶段，它的基本特征有二：一是使用的生产工具有了进步，人类在冶铁术和畜力使用的基础上发明了耕犁，极大地提高了生产效率。二是利用和改造自然的能力有了进步，改变了在原始农业阶段只靠自然力去恢复地力的状况，创造了利用人工施用有机肥来提高土壤肥力的办法，发明了用选择农作物和牲畜良种来改善农作物和牲畜性状的技术，此外还创立了间作、套种等复种制度。现代农业是农业发展史上的最新阶段，也是与传统农业相对应的新的农业形态，是以广泛应用现代科学技术、普遍使用现代生产工具、全面实行现代经营管理为本质特征和主要标志的发达农业。现代农业的实质，是以现代科学技术及其应用水平、现代工业技术及其装备水平、现代管理技术及其管理水平、现代农产品加工技术及其加工水平、现代农产品流通技术及其营销水平为基础的、产供销相结合、贸工农一体化的高效率与高效益的新型农业。从农业的发展过程来看，从传统农业向现代农业的转化过程就是所谓的农业现代化。从各国情况来看，由于世界上大多数国家正处于传统农业阶段，所以这个转化实际上就是由传统农业向现代农业的变迁过程，或者说是用现代技术对传统农业改造的过程。现代农业的内涵可以概括为以科学技术为强大支柱、以现代工业装备为物质条件、以产业化为重要途径、以统筹城乡经济社会发展为基本前提。建设现代农业的过程，就是要改造传统农业、不断发展农村生产力的过程，就是转变农业增长方式、促进农业又好又快发展的过程。就是要用现代物质条件装备农业，用现代科学技术改造农业，用现代产业体系提升农业，用现代经营形式推进农业，用现代发展理念引领农业，用培养新型农民发展农业，提高农业水利化、机械化和信息化水平，提高土地产出率、资源利用率和农业劳动生产率，提高农业素质、效益和竞争力。这种表述，既明确了我国现代农业建设的目标定位，也指明了我国建设现代农业的具体途径和方法。

二　现代农业的特点：以科学技术为支撑的融合型"大农业"

现代农业是一个包含现代技术支撑、现代发展理念和现代产业体系的综合性、多功能的可持续发展的农业范式。发达国家和地区的农业发展过程中所表现出来的共同点和基本规律，代表着现代农业的发展方向。结合发达国家现代农业发展的实践，可将现代农业的特点归结如下：

（1）现代农业是技术密集型产业

现代农业突破了传统农业作为初级产业的封闭低效、自给半自给的局限性，建立起以现代科学技术进步为支撑、农业生产力极大发展的现代农业生产经营体系。舒尔茨从技术角度对传统农业的经典表述为：完全以农民世代使用的各种生产要素为基础的，生产技术没有任何重要改变的、效率低下的农业可称之为传统农业。现代农业技术是现代科学技术领域最新发展成果在农业领域的扩散和衍生的结果，具有高度的综合性和交叉性；传统农业主要依赖资源的投入，而现代农业则日益依赖不断发展的现代农业技术投入，新技术是现代农业的先导和发展动力。这包括生物技术、信息技术、耕作技术、节水灌溉技术等农业高新技术，这些技术的广泛应用使现代农业成为技术高度密集的产业。这些科学技术的应用，使现代农业的增长方式由单纯地依靠资源的外延开发，转到主要依靠提高资源利用率和持续发展能力的方向上来。另外，传统农业对自然资源的过度依赖使其具有典型的弱质产业的特征，现代农业由于科技成果的广泛应用已不再是投资大、回收慢、效益低的产业。相反，由于全球性的资源短缺问题日益突出，作为资源性的农产品将日益显得格外重要，从而使农业有可能成为效益最好、最有前途的产业之一。

（2）现代农业的内涵和外延更为丰富

现代农业的内涵较之传统农业有了很大的发展与进步：加拿大把现代农业定义为"农业及农产食物产业"，由一系列现代经济部门组成，包括初级产品生产者（农场主）、生产资料供应者以及食品加工和零售商，直到消费环节；美国把现代农业定义为"食物和纤维体系"，将农业划分为既有区别又相互联系、既职责分明又相辅相成的产前、产中、产后三个环节。日本将现代农业定义为"农业、食物关联产业"，并将其划分为农林渔业部门、关联产业部门（食品产业、资材供应产业）、关联投资部门、饮食业和关联流通产业部门等五大产业部门。我国原国家科学技术委员会发布的中国农业科学技术政策，对现代农业的内涵分为三个领域来表述：产前领域，包括农业机械、化肥、水利、农药、地膜等领域；产中领域，包括种植业（含种子产业）、林业、畜牧业（含饲料生产）和水产业；产后领域，包括农产品产后加工、储藏、运输、营销及进出口贸易技术等。

从上述界定可以看出，现代农业不再局限于传统的种植业、养殖业等农业部门，而且包括了生产资料工业、食品加工业等第二产业和交通运输、技术和信息服务等第三产业的内容，原有的第一产业扩大到第二产业和第三产业。现代农业大大突破了原有传统农业的内涵和外延，由多个经济部门组成一个关联体。这些具有不同功能和作用的部门，通过相关的生产活动、经济活动、技术活动和社会活动紧密相连，构成一个环环相扣的"大农业"产业系统。

（3）现代农业突破了传统的"衣食农业"的功能局限，建立起多功能、多层次的现代农业产业体系

随着经济社会的快速发展，科技进步日新月异，现代农业的功能不断巩固和拓展，显示出崭新的面貌和广阔的前景。农业多功能性是农业及其发展的客观属性，是农业战略地位的内在基础，是经济社会发展的重要保障。农业的传统功能包括食品保障功能、原料供给功能、市场功能、就业增收功能和劳动力输出功能等，其中农业的基本功能就是为国民经济发展提供稳定的食物供应。在当代新的环境和技术条件下，农业的多功能性被人们不断认识并得到开发，现代农业在生态保护、生物质能源、观光休闲、文化传承等方面发挥着越来越重要的作用。在发达国家，生态农业、休闲农业、都市农业、能源农业等新型产业已经迅速发展成为与产品生产农业并驾齐驱的重要产业。农业功能的多元化和产业空间的扩展已经成为现代农业的主要特征之一。

（4）现代农业是以市场为导向、实现了产业化组织的农业

首先，与传统农业以自给为主的取向和相对封闭的环境相比，现代农业的大部分经济活动都被纳入市场交易，农产品的商品率很高，用一些剩余农产品向市场提供商品供应已不再是农户的基本目的。完全商业化的"利润"成了评价经营成败的准则，生产完全是为了满足市场的需要。市场取向是现代农民采用新的农业技术、发展农业新的功能的动力源泉。从发达国家的情况看，无论是种植经济向畜牧经济转化，还是分散的农户经济向合作化、产业化方向转化，以及新的农业技术的使用和推广，都是在市场的拉动或挤压下自发产生的，政府并无过多干预。其次，现代农业的组织形式是产业化组织。传统农业是以土地为基本生产资料，以农户为基

本生产单元的一种小生产。在现代农业中，农户广泛地参与到专业化生产和社会化分工中，要加入到各种专业化合作组织中，农业经营活动实行产业化经营。这些合作组织包括专业协会（委员会）、生产合作社、供销合作社、公司加农户等各种形式，它们活动在生产、流通、消费、信贷等各个领域。

总之，现代农业已经大大突破初级产品生产的"第一次产业"属性，表现出融合型"大农业"的产业特征。首先，技术的融合。科学技术的广泛应用是现代农业发展的核心力量，现代科学技术对农业的多方面渗透，已使现代农业的生产方式和产品属性具有高新技术产业的相关特点，现代农业成为一个多部门、多学科、多层次的知识系统与工程技术系统。其次，产业环节的融合。现代农业实现了农业产前、产中、产后各相关产业的一体化生产经营，农业成为融合第一、二、三产业为一体的综合产业。再次，产业功能的融合。随着农业功能的扩展，现代农业日渐成为一个以食品和纤维产业为主体，涵盖了生态农业、能源农业、医药保健农业、休闲农业等内容的多功能、多层次的现代产业体系。最后，农业生产经营方式和组织的融合。现代农业已经从传统家庭经营转向市场化、专业化、企业化经营，农业成为国民经济产业体系中平等的一员。从国内外实践看，现代农业是持续地、广泛地应用现代科学技术、现代管理和现代工业装备的专业化、社会化、集约化产业，是把生产、加工和销售相结合、把产前、产后和产中相结合，把生产、生活和生态相结合的一体化的高效率与高效益的融合型"大农业"。

三　传统农业向现代农业转变的内在动因和条件

（1）传统农业向现代农业的转变是国民经济工业化和现代化的基本要求

粮食问题是一切问题的基础，农业的发展始终是整个国民经济发展的条件和基础。现代农业的发展和国民经济工业化进程是一个不可分割的整体，只有将现代农业的发展纳入整个国民经济工业化进程，以工业化带动农业现代化，以农业现代化促进国家工业化，才能实现社会经济的全面协调发展。然而，在国民经济现代化的不同发展阶段，工农业的互动发展表现出不同的特征。首先，在工业化初期阶段，农业的发展是工业化顺利进行的根本保障，利用农业剩余的积累及转移来满足工业对大量资金、原材料的需求，是工业化进程中的普遍做法。其次，在工业化取得一定进展后，才具备了传统农业向现代农业转变的条件和基础：在这个阶段，工业及服务业在国民经济中已居绝对的优势地位，能够提供大量的改造传统农业所需的先进技术和设备，国家也拥有了足够的对农业的财政支持能力。现代农业的发展，是整个国民经济现代化的必然要求和基础条件；农业的发展从来就不仅仅是农业部门自身的发展，而是需要在整个国民经济产业体系中优化配置资源，需要把现代农业建设纳入国家工业化、城市化发展战略之中，"工业反哺农业、城市支持农村"方针的提出，为推进我国现代农业的发展提供了良性的产业、区域互动发展机制。

（2）传统农业向现代农业的转变是我国经济社会发展的现实要求

从经济发展的规律来看，目前我国工业化已进入中期阶段。根据国际经验，这一阶段也是传统农业向现代农业转变的关键阶段，现代农业建设是我国农业的发展方向。从现实的国情来看，严重的"三农"问题也成为影响国家经济社会协调发展的关键问题，迫切要求我们加快由传统农业向现代农业的转变。首先，现代农业的发展是粮食生产稳定发展的基本要求。人多地少的国情决定粮食生产的稳定发展是我国农业发展的基本目标，只有加强农业生物技术、信息技术、食品生物工程技术等高技术的研发和应用，从良种培育、先进种养技术集成配套、农产品精深加工、资源高效利用和生态保护等方面促进粮食综合生产能力的提高，才能确保国家粮食安全和其他主要农产品供给，适应我国人口不断增长和经济发展的需要。其次，现代农业的发展是提高农民收入的重要途径。加快农业劳动力转移、提高农民工资性收入是现阶段农民增收的重要方面，但是通过现代农业的发展促进农民增收具有更根本的现实意义。

现代农业的发展可以通过科学技术的应用提高土地产出率和农业产品的质量和数量，可以提高农民劳动生产率和降低成本。同时，现代农业用现代科学管理方法组织管理农业，在不改变家庭承包经营的前提下，由贸工农一体化的规模经营方式，取代千家万户分散的小农经营方式，实现农业生产的市场化、专业化、组织化和企业化，可以大幅度地提高农业的总体效益和农民收入。最后，现代农业的发展是建设社会主义新农村的首要任务。农村的落后首先是经济的落后，改变农村落后面貌，建设社会主义新农村，首要任务是加快建设现代农业，繁荣农村经济，发展农村生产力，提高农民的生活水平和生活质量。脱离了农业的发展，农村其他各项建设就缺乏坚实的物质基础。现代农业不仅仅是社会主义新农村的产业基础，更是我国实现全面现代化的产业基础。

第二节   产业融合与农业产业结构的高级化

一   现代农业具有高度的产业融合性质

从产业发展的历史来看，农业作为第一次产业，是与最低的分工和专业化水平相联系的产业，代表着农业社会较低的生产力水平。农业内部分工的缓慢发展，最终导致手工业、商业作为独立的社会产业部门的出现，并逐步发展为现代工商业。工业以不同于农业的全新的产业范式，在分工和技术进步的交互作用中实现了规模报酬递增，成为较高的生产力水平的代表。工业的发展和与工业化相联系的市场经济制度的确立，使人类社会经济发展全面进入工业化社会阶段，这是人类社会生产力水平的一次质的飞跃。工业社会中，分工和专业化经济效益不但存在于工业内部，也存在于整个社会产业体系之中。分工与协作相伴，产业分工的发展是产业融合的基础，工业部门的充分发展为农业的发展提供了新的生产要素和市场化的经营理念，农业正是在与现代工业的融合发展工程中实现了传统农业向现代农业的转变：工业的发展推动了从畜力转变为机械力的农业动力变革；现代化学工业的发展推动了化肥、农药、塑料薄膜等化学物质被广泛应用于农业的化学技术变革。

工农业生产过程的迂回发展，尤其是工业生产过程中大量穿插的中间产品和服务的需求的增长，使更多的专业化生产、研究、营销环节和服务于生产的管理环节独立出来，最终促进了服务业的兴起。服务业的飞速发展代表着整个社会经济的分工和专业化水平进一步提高，服务业的国民经济产值贡献率和就业贡献率，成为社会经济现代化程度的标志。现代生产性服务业对农业和工业发展的推动过程，也是现代服务业与农业、工业实现产业融合发展的过程。

近十几年来，以信息产业为主要内容的"第四次产业"的兴起，标志着社会科技水平和产业分工达到一个新的高度。信息化所带来的产业融合效应，范围更广，程度更深，不但促进了社会分工层面上的第一次产业、第二次产业、第三次产业的相互融合，比如制造业、农业的服务化；而且深入到每个产业的内部，使同一类产业内部在更细化的产业分工层面上实现产业融合，比如银行业和保险业的融合，电信业和广播电视业、出版业的融合等。信息化进程中的产业融合已经成为一种革命性的产业变革，将带来产业发展模式的重大改变（周振华，2003）。农业、工业、服务业、知识产业的依次兴起，是社会分工不断发展、整个国民经济产业体系不断拓展和深化的过程，也是产业结构不断高级化、社会经济发展水平不断高级化的过程。

每个发展阶段中占主导地位的产业，成为划分人类社会发展阶段的标志（农业社会、工业社会、信息社会等）。产业出现的次序与分工的发展水平，从而与该产业所代表的社会生产力的发展水平相联系。出现越晚的产业，代表着越高级的生产力水平，也蕴藏着改造其他较早出现产业的越高的经济势能。实际上，每一次新产业的兴起对社会经济发展的贡献，都表现为两个方面：新产业本身的经济贡献；新产业对传统产业的渗透、改造、融合而产生的经济贡献。产业融合是经济结构高级化和产业结构软化的重要途径。从农业发展的角度来看，每一次社会分工的发展，都为农业的发展提供了新的推动力量。农业作为基础产业，其发展的根源在于更高生产率的新产业部门所提供的产业渗透力和产业融合力。现代农业的发展就是农业的融合化发展，就是一切现代产业可能提供的技术、设备、服务、经营管理应用于农业的过程。农业是人类社会发展过程中出现最早的产业，因而也是实现了高度产业融合的产业。现代农业所区别于传统农业的特征，正是产业融合发展的结果。

二　产业结构软化中的农业：后起产业对农业的融合

产业结构调整是现代经济增长理论的本质特征，经济增长与结构变动之间存在着互动的机制。对产业结构变动的研究一般遵循着四种理论：第一，由日本经济学家赤松要提出的产业发展"雁行形态理论"；第二，由英国经济学家克拉克为代表提出的以研究产业之间比例关系及其变化为宗旨的产业发展形态理论；第三，由美国经济学家里昂惕夫为代表的以研究产业之间投入—产出为宗旨的产业联系理论；第四，由美国经济学家库茨涅兹从产业结构变化角度提出的经济发展阶段性与演进规律理论。根据以上的四种理论，工业经济时代产业结构变动的规律可以总结为：随着经济的发展，产业结构的重心由第一产业逐渐向第二和第三产业偏移。

自 20 世纪中期以来，以信息技术革命为核心的新技术革命催生了崭新的知识经济时代，世界范围内产业结构最显著的变化就是在新科技革命的推动下，产业结构的重心逐渐向信息产业和知识产业等所谓"第四产业"偏移，并逐渐建立起了以知识为核心的各产业之间的新关联关系。对于这种新的关联关系，研究者称其为"产业结构软化"。"软化"源于计算机软件，1981 年日本的田地龙一郎教授等首次将"软化"一词用于经济领域，认为产业软化是历史潮流的重要组成部分，并建议创立与之相适应的"软产业经济学"①。目前的学术研究中，产业结构软化被等同为"产业结构知识化"、"产业结构高级化"、"产业结构服务化"。"产业结构软化"的一般含义是指围绕知识的生产、分配和使用在社会生产和再生产过程中，体力劳动和物质资源的投入相对减少，脑力劳动和科学技术的投入相对增长。与此相适应，劳动和资本密集型产业的主导地位日益被信息、知识和技术密集型产业所取代。产业结构软化至少包括两层含义：第一是指在产业结构的演进过程中，软产业（主要是指第三产业）的比重不断上升，出现了所谓"经济服务化趋势"；第二是指随着高加工度化过程和技术集约化过程，在整个产业过程中，对信息、服务、技术、知识等

---

① 马云泽：《产业结构软化理论研究》，中国财政经济出版社 2006 年版。

"软要素"的依赖程度加深。换句话说，产业结构软化是指建立在知识与技术基础之上随着知识与技术的变化而变化的产业结构变革的过程。

从产业融合的角度看，顺次的产业之间的交叉和延伸所造成的产业融合现象是显性的，比如 1.5 次产业、2.5 次产业和 3.5 次产业。实际上，整个产业结构后向软化的过程，很多方面具有产业融合的意义。在经济社会发展过程中，每一个相对的新产业的出现，都代表着更深层次社会分工所内生的更新的技术体系和更高的社会生产力，每一个相对的新产业对其以前的产业的后向软化，都是一种新的生产技术、新的生产要素、新的生产理念对其以前的产业部门的渗透融合。产业渗透融合在这里具有明确的方向性和产业落差意义。由这种新产业对传统产业的改造提升而引发的产业结构高度化，和纯粹由新产业的兴起而引起的产业结构高度化，对经济增长具有同样重要的意义。产业结构软化过程中的产业融合如图 3 - 1 所示。

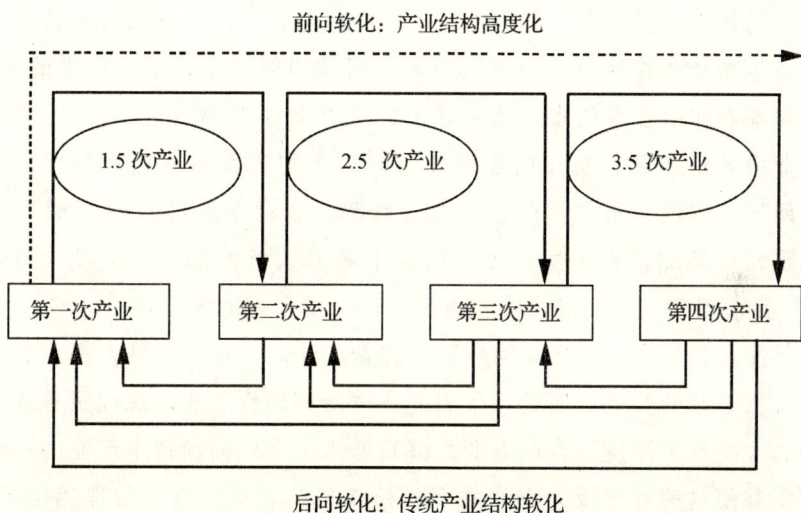

图 3 - 1　产业结构软化过程中的产业融合

资料来源：马云泽：《产业结构软化理论研究》，中国财政出版社 2006 年版。

在图 3 - 1 所示的产业结构软化过程中，我们可以发现产业融合不仅仅发生在图中所示的"中间"产业的形成过程中。实际上更普遍意义上

的产业融合一共包括三个部分：第一，各产业内部不同子产业之间的融合
（农业内部种植业、养殖业的融合）；第二，产业间顺次融合所形成的中
间产业（1.5、2.5、3.5 次产业）；第三，产业后向软化过程中的产业融
合（农业服务化、信息化，制造业的服务化、服务业的网络化，全面的经
济信息化等）。

从产业结构的前向和后向软化过程中，我们可以从产业融合的视角分
析现代农业的发展机制：农业之后的每次产业的后向软化的过程，都意味
着农业之外的新技术、新工具、新要素、新理念对传统农业嵌入和渗透，
从而导致农业产出方式、产出结果、产出功能跨产业存在的产业融合现
象。这种融合造成两方面的结果。第一，从产业属性看，农业内部经过创
新技术的注入和融合，改变了农业的产出方式或产出结果，最终使农业的
产业属性向新兴产业转移，比如，经基因技术培育出的农产品，虽然从形
态和功能上看与传统农产品没有区别，但是就其生产过程中的投入要素和
产品中的知识含量来看，却是不折不扣的高科技产品，基因农业就是传统
农业与生物产业相融合后的新兴产业。同样的例子还有基于先进的 3S 技
术的精准农业所引发的现代信息技术农业产业属性的改造和提升。第二，
从产业投入要素看，农业内部传统的有形实物资源投入相对弱化，而信
息、研发、咨询、管理、广告、人力资源、金融服务等"软"的无形投
入比重相对增加，农业生产经营过程中融入大量的信息、金融、知识等
"软"要素因素，从而使现代农业投入产出结构高度优化。

促使人类社会每一次结构性进步的新产业的出现和发展，都为农业的
发展提供了新的契机。所谓现代农业，就是和现代工业、现代服务业、现
代信息业实现了高度融合的农业，就是融入了现代高新技术产业的一切先
进要素并使这些要素成为农业效率增长源泉的农业。农业的现代化程度，
往往指示了一国国民经济现代化的深度。

三　农业产业结构升级和农业关联产业的比重变化

在经济发展和产业结构高级化过程中，农业的产值和劳动力就业比重
呈下降趋势，这是产业发展的一般规律。但是，农业相对比重的下降是和

农业生产率以及农业绝对产值的提高相伴随的。农业产值和农业就业比重的下降是和农产品的需求特征相联系的，并不表明农业地位的下降，相反，农业生产的稳定增长始终是产业结构升级的重要基础和保障，尤其是像中国这样的发展中的人口大国。实际上，从产业结构升级和产业融合的角度看，作为国民经济的基础产业，农业不仅是后起、相对新兴产业所渗透融合的对象，而且正是农业的基础地位和作为母产业的特殊性质，为这些后起的新兴产业提供了广阔的发展空间。关于农业在工业化进程中的地位和作用，我国著名经济学家张培刚先生在《农业与工业化》一书中作了精辟的论述：在以信息技术为代表的高新技术产业的发展过程中，与农业的渗透融合为这些产业的成长提供了新的增长点和广阔的发展空间。虽然在发达国家的国民生产总值中农业所占的份额非常小，但是与农业相关联的产业的产值比重和劳动力就业比重却非常高。以美国为例，虽然美国农业在国民生产总值中的比重不到2%，直接农业就业人口占全国就业人口的比重不足3%，但以农业及其社会化服务体系为主体形成的农业关联产业群却提供了国内生产总值的1/6以上、全国就业人口的18%和外汇收入的20%—30%。农业占国民经济比重的下降和与农业关联产业在国民经济中的相对重要地位，从一个侧面说明了现代农业与其他产业融合发展的程度和深度。

第三节 产业融合与现代农业的功能拓展

一 农业的多功能性

无论从世界各国经济发展水平的横向分析还从人类经济发展历史的纵向分析，随着经济发展水平的提高，农业在劳动力就业和社会总产值中所占的份额均呈下降趋势。有人据此得出农业在经济发展中的作用是下降的这一结论。实际上，用农业所占的份额衡量农业的地位是不科学的。多功能农业的提出，使得农业的内涵和结构均发生重大的变化，从日本等发达国家的实践来看，多功能农业已经成为现代农业的突出特征。

农业的多功能性，是指农业部门除了生产粮食和纤维等农产品以外，还为实现其他目标作出努力，体现农业的多种社会功能。在 20 世纪 80 年代末 90 年代初，日本最先在其"稻米文化"理念中提出了"多功能农业"的概念，后来这一概念又相继出现在《21 世纪议程》、《罗马宣言和行动计划》等联合国文件中。虽然日本最初提出多功能农业的概念主要是为了保护日本国内的稻米市场，但是农业多功能性的提出，客观上反映了现代社会中人们对农业地位的重新审视和判断，作为一个全新的理念和一个崭新的农业发展模式，为一个国家的农业发展战略指明了新的方向。我国 2007 年国务院"一号文件"中明确提出要开发农业多种功能，健全发展现代农业的产业体系。农业与其他产业的融合发展，不但促进农业产出方式的增加和农业产出效率的提高，而且会改变农业的产业属性，使农业具有生态、文化、旅游、教育、能源、医药等产业的功能。产业融合之下的生态农业、旅游农业、能源农业、医药农业等产业形式，在开发农业多种功能的同时，摆脱了"衣食农业"的局限性，拓宽了农业的产业幅度，扩展了现代农业产业体系的内容。

二　多功能农业的表现对我国的现实意义

（1）粮食安全功能

保障粮食的供给，是农业最主要的功能。根据联合国粮农组织的定义，粮食安全是指所有的人在任何时候都在经济上有能力并且可以获得足够数量卫生、安全和营养的食品，从而达到积极和健康生活对食品的需要及偏好。实现粮食安全的途径主要有：一是靠自己生产；二是依赖进口；三是将两者结合起来。一般而言，开放贸易有助于稳定世界农产品市场，但是现实世界中并不存在任何担保，保证开放贸易一定会导致实物供给和价格的稳定。因此，一个国家在粮食安全方面的功能除了提供粮食这一特殊商品的供给外，还具有非商品功能，既保证一定的粮食自给水平，减少过度依赖国际市场的担忧，增加粮食的安全感，确保国家宏观战略的实现。

（2）生态功能

农业生产中的各种资源要素本身就是构成生态环境的主体因素，因此，农业的功能可直接表现为生态功能：水土保持、补充地下水、维持生物性、缓解气候变化、防治荒漠化、防治洪涝灾害、处理有机废弃物、净化空气、提供绿色景观、避免城市拥挤等。应该指出的是，不合理的农业发展模式对生态系统可再生资源也具有负面影响。农业生态功能的发挥，就是强调运用科学的理念合理开发利用农业资源，保证农业资源的可持续利用和生态系统的平衡和加强农业对环境的正外部性。

（3）社会功能

农业作为一个产业不仅能容纳劳动力就业，而且农副产量、数量及其安全性本身就直接影响着居民的健康状况和最基本的生存需要。农业不仅为农村居民提供了谋生手段和就业机会，而且提供了生活和社交场所，从而具有减少农村人口盲目向城市流动、保持社会稳定的功能。特别是对于很多发展中国家来说，工业化、城市化水平较低，贫困人口多在农村地区，但农村地区又缺乏必要的社会福利保障体系，土地不仅是众多农民的生活保障，而且具有很强的社会保障功能，因而发展中国家农业的社会功能，尤其是社会稳定功能，比发达国家具有更重要、更大的价值。

（4）文化功能

农业本身就是一种文化。人类社会文明的发展过程就是农业文明到工业文明和知识化现代文明的演化过程。农业作为"母亲"产业，是人类生产生活的前提，也是人类精神文化生活的基础和重要的组成部分。尤其在繁忙的、激烈竞争的都市生活中，农业文明所包含的文化记忆成为现代人热烈的精神向往和渴求。更重要的是，农业对形成和保护特定的文化传统、维护文化多样性具有重要作用。一些国家的文化和传统深深根植于农村生活，许多传统与农业密不可分，从而形成了许多富有地方特色和乡土气息的农村文化和传统。现代社会里，农业的文化传承和文化教育功能正受到越来越多的关注。亦是如此。

首先，中国作为世界上人口最多、人地关系高度紧张的国家，粮食安全功能成为农业的一项最具挑战性、也是最重要的功能，中国农业的粮食安全功能甚至对于世界粮食市场的平稳运行都具有重要的影响。

其次，中国在工业化进程中所遇到的严重的资源约束和严峻的环境压力使得农业的生态保护功能具有迫切的现实意义。

再次，中国的工业化进程面临着世界上最大规模的农村人口转移问题，而我国长期以来的二元经济结构发展模式，导致了工业化和城市化水平的高度偏离，在农村剩余劳动力缓慢而长期的转移过程中，在我国农村社会保障水平极低或近乎没有的情况下，农业的社会稳定功能，尤其是土地的社会保障功能，成为农民生计的最后一道防线。

最后，中国曾经是世界上最古老、最优秀的农业大国之一，几千年的历史所积淀的农业文明在整个中华文明中占据着重要的位置，充分发挥农业的文化传承和文化教育功能对于保全和传承中国的文化传统具有更重要的现实意义。

三　产业融合拓展现代农业功能的内在逻辑

（1）农业内部子产业间渗透融合的生态农业，强化了农业的生态环境保护功能

所谓生态农业就是从系统思想出发，按照生态学原理、经济学原理和生态经济学原理，运用现代科学技术成果和现代管理手段以及传统农业的有效经验建立起来，以期获得较高的经济效益、生态效益和社会效益的现代化的农业发展模式。

我国在生态农业实践中，形成了有特色的生态农业模式。主要有：第一，时空结构型，即根据生物种群的生物学、生态学特征和生物之间的互利共生关系而组成农业生态系统，使处于不同生态位置的生物种群形成时间上多序列、空间上多层次的三维结构。第二，食物链型，即按照农业生态系统的能量流动和物质循环规律构成农业生态系统，使得系统内各环节的产出和投入相衔接，达到系统内能量转换率和资源利用率的提升。第三，时空食物链综合型，即以上两种模式的综合。生态农业模式的实质是农业内部种植业、养殖业、畜牧业等子产业之间的多重组合。不同的子产业之间或子产业内部更细分的产业之间按照生物链系统循环的原理重新整合，融合成不同的生态农业模式。相对于农业内部各子产业独立的传统产

出式，生态农业强调农业产出的系统性和融合性，是一种基于资源整合、生态优化、保护农业可持续性的农业产出方式的改进。生态农业相对于传统上分立的种植业、养殖业和畜牧业，是一种产业融合的新形态农业，生态农业的出发点就是降低能量消耗，改善环境质量，保护自然资源，改善农产品质量和提高经济效益，它是人类利用生态原理自觉纠正现代农业所带来的环境负外部性的表现。基于产业融合的多种模式的生态农业的发展，以新的理念、新的方法，改进了传统农业的产出方式，极大地拓展了农业的生态保护功能；或者说，基于产业融合的生态农业就是充分发挥生态保护的农业。

（2）旅游业与农业的融合拓展了农业的文化功能

作为农业与旅游业交叉而催生的新业态，休闲农业是指以农业为主题，利用自然环境、农事活动、农活等农业自然文化资源，适应人们观光、休闲，增进人们对农业的体验为目的的与旅游业相结合的一种新型产业。休闲农业无论是从劳动力就业的角度还是产业产值的角度，都很难把它简单划归第一产业的农业还是第三产业的旅游业①。

总之，传统的生产要素如土地、劳动力、资本与知识、技术、文化等要素相结合，使农业的生产目的、价值取向、市场定位都发生了改变。融合而成的新产业比融合前的单一产业具有更高的经济效益，国内外休闲农业的蓬勃发展即是明证。农业与旅游业的产业融合把旅游业较高的产业关联性注入农业中来，为农业产业结构优化、农民增收提供了新的路径。它既在横向上增加了农业的产业幅度，使农业的产业体系得以拓展，又使得农业综合产业效益得到提高。同样，农业与旅游业的产业融合也把农业所包含的丰富文化内容和生活体验注入旅游业中来，为旅游业的发展增加了新的品种，开辟了新的市场，也创造了新的经济增长点。更值得注意的是，休闲农业充分发挥了农业的正外部性，或者说休闲农业是基于农业正

---

① 这里，农业与旅游业之间的产品融合、技术融合和市场融合使得农业的产业属性被深度注入旅游业的服务属性，相对于传统的农业，休闲农业的产出结果大大提高，它不仅产出实物产品，而且产出服务产品，农业的多功能性在休闲农业中得到集中的体现。农业的生产过程、生产手段、生产成果，农村的生活方式、生活习俗、生活状态，都成为一种场景、一种文化，为顾客提供的是一种基于体验和感受的服务产品。

外部性的一种新型产业。它在不影响、甚至是提高了农业传统的实物产出的基础上，对农业文化、教育功能的产业化的利用和发挥。

（3）农业与生物技术、化工技术、能源技术融合之下的生物质产业拓展了农业的经济、生态等综合功能

随着化石能源资源的渐趋枯竭和环境问题的日益突出，20世纪末以来，人类开始对生物质进行系统的产业化开发。生物质产业是指通过农业把能源植物和农业废弃物等生物质原料利用化学或生物技术转化为高附加值的副产品等环境友好产品的全过程。生物质资源在中国主要包括农业废弃物和能源生物资源。目前，能源生物资源主要是指能源农业、能源林业种质资源，包括现有种质资源的挖掘、保护和开发以及专用品种的培育。生物质产业直面我国"三农"、能源和环境三大主题，是世界发展之大势和新兴的朝阳产业。生物质产业的发展模式是现代农工生物质能一体化系统。这种模式把能源农业（包括林业）和能源工业相结合，构成从原料到产品的生物质能源生产一体化体系。它以传统的农业有机废料为产业基础，构成生物质原料生产系统；从工业用生物质能源和清洁的农村能源两层面构成两个不同的应用系统。

工业用生物质能源以生物质液体燃烧生产为主体，农村用生物质能源以生物质气化和农村生态环境建设为主体。从产业形态上看，生物质能源产业是农业与能源工业、化学工业等产业相互融合的新形态农业；从技术层面上看，生物质产业是现代生物工程技术、化学和生物化学技术等高新技术对农业的渗透、改造和提升的结果。一方面，生物质产业种质资源的培育和开发，是现代科学技术融入农业的表现，具有高新技术渗透传统产业的融合特性。现代科学技术融入农业，或者培育了新的生物质资源，比如，通过转基因的方法培育出高产、高抗逆性的能源作物品种能源甘蔗、甜高粱等，从而实现了农业生产方式的创新；或者开发了原有生物种质的潜在功能如桉树、黄连木用作能源原料，以及白薯、玉米淀粉塑料（聚乳酸脂）产品的开发，生物质高新技术融入农业，实现了农业产出功能的创新。另一方面，生物质产业体系本身是农业（包括林业）、工业（能源工业、化学工业）等产业相融合的结果，具有产业技术和产品的融合属性。生物质产业体系中，农业本身成为工业的前期工序，工业成为农业的延伸

环节，农业和工业之间通过产品、技术、市场的整合而最终融合为一体化的新型产业。生物质产业的发展对于拓展农业的功能而言，具有丰富的内涵。首先，生物质产业的技术进步使其产业发展越来越具有经济可行性，使农业除了提供食品和纤维原料之外，还提供日益常规化的能源和化工原料，这是对农业经济功能的突破性的扩展。其次，生物质产业将从根本上改变人类传统的化石能源结构，从而减轻资源环境的压力，生物质产业自身的可再生性、可循环性和环境友好的性能，使其充分体现了农业的生态环境保护。

四　产业融合对现代农业功能拓展的综合效应

实际上，产业融合对现代农业的功能扩展不仅仅表现在产业融合催生的各形态农业所具有的生态保护、文化传承等功能上。产业融合对农业功能的扩展具有极强的综合性、联系性，因而具有更深的经济社会意义。首先，产业融合模式多样，每一种形式的产业融合所带来的产业创新效应对于农业功能的扩展都有多方面的效应。比如，现代生物技术产业与农业的融合发展过程在广泛的农业领域引发一系列技术创新，其效应也表现在多个方面，其总体的经济效应是极大地提了农业生产率和产品品质；对农业功能扩展来说，对能源作物种质基因的改造会使生物质能源的开发更具可行性和经济性，而生物质能源产业自身所具有的经济、社会、环境、生态等多重意义，使产业融合对农业功能的扩展具有多方面的综合效应。其次，农业的多种功能之间存在着内在的联系，产业融合对农业的每一种功能的拓展和开发都不是孤立地起作用，而是存在极强的联动效应。农业的粮食安全和社会经济保障功能是农业多功能性的基础，所有提高农业粮食安全和经济保障功能的措施，都对农业多功能性的发挥具有深层次的作用；同理，对农业文化、生态功能的拓展，往往也是和农业社会经济功能的提高相伴随的。比如，农业和旅游的深度融合发展，既是农业文化休闲功能的拓展，又伴随着农业经济效益的大幅提高。

第四节　产业融合与现代农业生产
经营体系构建

现代农业生产经营方式的一个突出特点就是突破了传统农业仅仅或主要是初级农产品原料生产的局限性，实现种养加、产供销、贸工农一体化生产经营，农业的产业内涵不断得到拓展和延伸，并最终建立起农工商紧密结合的农业生产经营服务体系，在这个新的农业生产经营服务体系中，一、二、三产业的边界模糊或者说一、二、三产业的产业分工被内部化于广义的农业之中了。

一　中国农业家庭经营的外部规模经营效益

在现代农业中，家庭经营是市场条件下最普遍和最基本的经营形式。由于生产者极其众多和市场规模极其巨大，决定了任何形式的生产者规模扩大都不可能改变农产品市场近似完全竞争的性质和农产品"小生产、大市场"的格局，这是农业产业经营所特有的市场结构条件。从理论上讲，规模经营具有适应农业的特定的市场结构、增强生产者抗衡市场风险的能力、提高农业活力的积极意义。作为一种经营策略，规模经营一方面可以在农业总产出不变及其价格不变的条件下，使单个农户的内部收益增加；另一方面，规模经营可以提高市场的相对支配力。农业经营规模扩大包含了两种基本方式：农户家庭内部经营规模的扩大和农户家庭外部经营规模的扩大。

对于农户家庭内部经营规模扩大的问题，尽管通常认为农业作为一个部门来说，属于典型的成本递增或报酬递减产业（耕地的稀缺性），但是农业发展的国际经验却表明，单位经营规模的扩大和生产趋于集中，是世界农业发展中的重要特征。中国的实际情况是，虽然家庭经营是农业中的基本经营形式，家庭经营并不必然是小农经营，但是小农业经营却是1978年以后中国农业家庭经营的基本特点。在20世纪80年代初推行以家庭联产承包责任制为核心的农业变革中，由于普遍采用的是人均或户均农地承包分配方法，以致在转向家庭经营的同时中国农业从一开始就形成了以土地分散、均田为特征的小农经营结构。而且从变动趋势分析，以农地面积衡量，农户经营的耕地面积呈下降趋势，因而中国农户经营规模总体上趋于缩小而不是扩大，中国小农经营结构有进一步强化的趋势。理论上推进农业规模经营的必要性和现实中强烈的小农经营结构，表明中国农业内部经营规模的扩大客观上存在着深刻的障碍；同时，由于土地对于中国农民的特殊意义，现实中农户农地流转的潜在意愿与中国农地流转的实际比例极低的差异，表明中国农业内部规模经营所存在的深层障碍。虽然推动农业家庭规模经营对中国农业的发展具有重要的战略意义，但是由于中国的实际情况，农业家庭内部规模经营的时限将是一个长期的过程；在这种情况下，以生产者的联合或合作为内容的外部规模经营的实现，从一开始就成为中国农业规模经营的现实选择和推行方式。

二　农业产业化经营：第一、二、三产业融合发展

　　农业外部规模经营的实现和发展过程，就是市场化条件下农业生产经营的专业化、社会化发展过程。首先，农业内部规模经营的成长以技术进步为基础，随着农业发展水平的提高和农业生产经营内容的复杂化，单个农户不可能掌握农业生产经营全过程的所有知识和技术；其次，农业生产的季节性使单个农户无力调节农忙和农闲时段的农业人力和物力配置效率和成本；最后，农业始终面临着"小生产，大市场"的矛盾，即使实现了规模经营的农户也不可能建立自己的生产资料采购和产品销售体系。因此，随着农业市场化的发展，单个规模农户不可能独立经营农业生产的全部过程，而必须越来越主要地借助和依靠农户外部的资源组织和力量，把农业生产经营的一部分甚至大部分环节交给外部的专门人员、机构和部门去操作，这些机构和部门包括农用工业部门，农产品运输、加工、储藏、销售部门，科技咨询服务部门，农业政策管理服务部门等。在农业生产经营专业化和社会化的过程中，这些传统农业之外的产业部门的支持和服务越来越重要，直至成为现代农业经营体系中不可或缺的组成部分。

　　农业外部规模经营可以从两个角度考察：从规模经营的内容上看，外部规模经营可以分为相同生产经营环节之间的联合与合作（即农业的水平分工）和不同经营环节之间的联合与合作（即农业的垂直分工）两种形式；从规模经营的合作看，外部规模经营可以作为生产者的农户在农业生产经营的同一环节或不同建立的合作制一体化，也可以是农户和农产品加工企业、销售企业和服务企业同方式建立的农产品产、供、销之间的协作，即合同制一体化。从农业生产经营过程中面向市场的各种一体化协作安排来看，农业外部规模经营事实上和农业产业经营是相同的，即通过联合或协作形成的外部经营规模为农业生产经营提供规避风险、降低成本或增加赢利的机会与可能，在一定程度上和一定范围内克服或避免生产小型、分散的缺陷与不足。从产业融合的角度看，农业产业化经营或农业规模化经营，就是依托适当的组织形式，使农业生产与产前、产后环节稳定的结合。这种结合通过传统农业与第二、第三产业的深度融合而拉长了农业产业链条，扩大了农业的获利空间，农民从单纯的"生产型"转变为"综合型"，农业的内涵和外延得到扩展。而且，农业外部规模经营或农业产业化经营更为重要的作用，是通过农户之间的联合与合作，客观上可以提高农户的地位，提供了改善农户经营效益的条件，这是农业家庭内部经营规模扩大所无法达到的。

　　从世界各国特别是从发达国家的实践来看，农业和第二、三产业的融合发展已经成为实现农业现代化过程中的普遍现象，反映和代表着现代农业的发展趋势。发达国家绝大多数的农户通过合作社购买农用物资、销售农产品并获得生产经营过程中所需要的服务。农业外部的相关工业和商业通过合同制经营把相关的资金、技术和市场力量带入农业生产领域，促进了一、二、三产业的融合发展。通过产业化经营，农业突破了单纯依靠自身发展的单一形式，能够在更大的产业空间整合农业的资源，而相关的工业、商业、服务业也在农业生产经营领域找到了稳定的经济增长点。因此，农业和第二、三产业的融合发展，是市场经济条件下现实利益驱动的结果，是农业生产力发展到一定程度所要求的农业生产经营的社会协作的结果。

　　农业的外部规模经营或农业产业化经营的实质是农业和外部相关产业的融合发展，这种产业融合发展体现了现代农业生产经营市场化、专业化基础上的社会协作性质，引起现代农业产业内涵扩展和现代农业产业体系的纵向深化。在我国农业发展的实践中，这种产业融合的要求和趋势的集中体现就是农业产业化经营。从农业发展的基本趋势和市场化的要求来看，农业产业化经营指明了我国农业发展的基本方向和努力的目标；但是在微观的农业生产经营实践中，农业产业化经营或农业和第二、第三产业的融合发展则表现在具体的、不同农产品的产业链构建上。

农业产业链是在产业链概念的基础上产生的。从产业关联的角度来说，由于在经济活动的过程中，各个产业之间存在着广泛的、复杂的和密切的技术经济联系，因此人们将各产业依据前、后向的关联关系组成的一种网络结构称为产业链。所谓农业产业链，是一个贯通资源市场和需求市场，由为农业产前、产中、产后提供不同功能服务的企业或单元组成的网络结构。农业产业链的建立、深化和发展，是农业产业化经营的目标和方向在具体农业生产经营实践中的实施和具体化，也正是农业产业链的构建和管理过程把第一、第二、第三产业的融合发展体现在不同农产品的产前、产中和产后的所有价值环节和价值系统的联结之中。现代农业产业地位的提升，就是要求农业生产经营过程在专业化分工基础上实现与现代工业、现代服务业、现代信息业之间的价值协同创造，并在产业融合过程中获得相对平等的产业利润。农业产业链条的建立、延伸和扩展，成为现代农业内涵扩展的必然表现。

第四章　现代科学技术对农业的渗透融合

现代科学技术是推动传统农业向现代农业转变的根本动力。本章从农业生产方式创新的角度，探讨现代科学技术对农业渗透融合的动力机制、运行机制、运行环境和运行模式，从现代生物技术所带来的农业产出能力的提高和产出功能创新、现代信息技术所带来的农业生产经营管理手段和生产经营效率的变革方面，强调了科学技术对现代农业的渗透融合在改造传统农业、发展现代农业中的核心作用。

第一节　现代农业科学技术的主要内容

现代农业最本质的内涵，就是科学技术取代土地和劳动要素成为现代农业增长的关键要素；现代科学技术对农业的渗透融合过程，就是现代科学技术转化为现实的农业生产力并推动传统农业向现代农业转变的过程。

一　现代农业科学技术的特征

农业科技进步是一个动态的过程，与农业发展的不同阶段相联系，可以把农业技术区分为传统农业技术和现代农业技术。传统农业技术是在一定的区域范围内"世代相传"的农业技术，具有传承的固守和技术停滞的特征。与传统农业技术相比，现代农业科技具有如下特征：

（1）创新性和超前性

创新是一切技术的共性，但现代农业科学技术的创新主要来源于大规模的科研创新，它不只是在原有技术道路上的积累，而是以现代科技的最新成就作为基础，开辟与传统农业有着本质差别的新的技术途径；另一方面，现代农业科学技术从研究到开发直至大规模推广应用都是与未来需求相适应，紧随农业生产和农产品需求的发展趋势和潮流，因此现代农业科学技术还具有很强的超前性。

（2）综合性

现代农业科技表现为数学、化学、生物学、物理学、地理学、天文学等基础科学和以系统论、信息论、控制论为主导的系统科学的高度综合。现代农业科技涉及许多学科的理论、工艺和技术，其生物性、生长性特点决定了其中一项局部技术的突破往往是集现代各种科学技术知识之大成。对于现代农业科技创新来说，人才与智力成为第一位的要素。

（3）渗透性

由于现代农业科技处于综合性交叉性较强的技术领域，因而不但能广泛渗透到传统农业生产经营的各个过程和环节，成为改造传统农业的决定性力量，而且可以渗透到与农业关联的多个产业中，影响整个经济社会。

（4）高投资、高风险、高收益

资金密集是现代农业科技的重要特性之一，其突破性的创新和研究，比如农业生物工程技术研究和开发所必需的物质条件需要高投资的支撑。另一方面，现农业科技还面临着传统农业生产通常面临的自然风险、单个农民的理性行为与农户总体行为的合成谬误风险、信息不对称风险和农业生物技术的地域性风险等。高风险往往与高收益并存，现代农业科技本质上是全新的先进技术，其创新性技术对产品的产量、质量和生产效益的提高往往表现出超常规的作用而取得巨大的社会效益。

（5）外溢性

外溢性是指现代农业科学技术给创新者和技术应用者带来收益同时，还可能由于技术的"溢出"而使他人和社会获得收益。尽管现代农业科技的一些成果比如农机、农药、化肥、杂交种子等可以受到排他性的专利制度的保护，但是相比于工业技术创新，更多的农业高新技术则属于"公共物品"或具有"公物品"性质的"混合品"属性，很难消除应用中所谓的"免费搭车"问题，这决定了农业技术创新不可能完全市场化，必须依靠政府资助或补贴才能达到资源的最优配置。

二　现代农业科学技术的主要内容及其分类

现代农业科学技术是建立在现代自然科学理论和最新科学发展基础之上的、消除农业增长约束或进一步优化农业生产要素配置的手段和方法的总和，是一个复杂的综合体系并包含着丰富的内容。从产业角度看，它涉及种植业、林业、畜牧水产业、农产品加工业等领域，包括以下方面的内容：（1）动植物基因工程和动植物细胞工程；（2）酶工程；（3）发酵工程；（4）系列化工工程及新蛋白质资源等多样化品、饲料开发、农产品精加工技术；（5）采用新技术、新方法、新材料培育出的农、林、牧、水产优良新品种；（6）生物环境工程及农业环境保护、抗旱、土壤改良、水灌溉与区域综合治理技术；（7）生物资源（含水产资源）保存开发和再生资源转用技术；（8）农用遥感、核辐射和计算机技术；（9）现代农业机械和精细化工技术；（10）能产生高效益的其他新材料、新工艺、新产品等。从技术角度上讲，农业高技术主要有生物（工程）技术、电子计算机技术、核技术、节水农业技术、农产品加工技术、信息遥感技术、激光技术、新材料技术等①。

由于现代农业科学技术按照其在农业中的应用部门、其所属的技术层面和学科类别等有不同的概括和分类，为了避免在概念上产生混淆和重叠，可以将现代农业科学技术先从横向"领域范畴"划分为四大类型，即农业生物技术、农业信息技术、现代农业资源与环境工程技术和现代农业管理技术，其中前三种是能够进行产业化意义上开发的现代农业高新技术。然后再按"技术开发层面"和"产业应用层面"，将现代农业科学技术作纵向区分。各类型在技术层面与产业应用层面的具体对应关系如表4－1所示。

---

①　刘志民：《农业高新技术：属性、分类与产业化途径》，《中国科技论坛》2005年第1期。

表4-1　　　　　　　　　　　现代农业科学技术分类

领域范畴	技术开发层面分类	产业应用层面分类
农业生物技术	基因工程 细胞工程 酶工程 微生物（发酵）工程	遗传育种、转基因育种 植物快速繁殖、动物快速繁殖 农业生长素催产、生物农药 畜禽疫苗、药用保健品
农业信息技术	传感技术：3S技术 远程通信技术 计算机网络技术 数据库技术	智能化农业专家系统 模型模拟的农业决策支持系统 计算机网络技术的农业应用 3S支持下的精确农业技术 农业管理信息系统与数据库
现代农业资源与 环境工程技术	新能源技术 海洋技术 新材料技术 空间技术 环境控制技术 诊断施肥 工程管理技术 无害化技术	高效水资源利用技术 工厂化农业 田间信息实时采集技术 环境控制技术 动植物产品安全生产技术 农业智能化机械设备 无害化生产技术

三　现代农业科学技术系统的核心：生物技术和信息技术

从以上现代农业科学技术的分类可以看出，现代农业科学技术包括的范围相当广泛，涉及不同的应用领域和交叉综合的不同学科类别。但是在现代农业科学技术的丰富内涵和复杂的学科体系中，最具有代表性的核心架构有两大类：一是以基因转移和重组为代表的生物技术，二是建立在知识的收集、处理、存储、转换基础上的信息技术。生物技术对生物遗传信息的破解和改造，引发了科学技术领域新的革命，以至于专家预言生物技术将成为21世纪的支柱产业。农业是生物应用最广阔、最活跃、最富挑战性的领域，农业生物技术已成为世界范围内农业科技竞争的制高点。作为土地资源稀缺、劳动力资源丰富的国家，依照速水—拉坦模型，走生物技术进步的道路是我国农业发展的必然选择。而作为知识经济时代代表性的先进技术，信息技术对农业生产经营过程的渗透已成为现代农业发展的根本要求。在信息技术对传统产业的改造中，农业首受其惠。农业首先是一种自然再生产过程，因此具有分散性、区域性、时变性、不稳定性和可控制程度低等行业弱势。现代信息技术可以克服传统农业的劣势，农业专家系统、3S 技术等的应用为农业生产、经营、管理提供了现代化的手段。

第二节　现代科学技术对农业的渗透融合

一　技术创新是产业融合发生的重要推动力量

通常，人们把技术创新视为某项技术的研究、开发以及技术产业化，或某种技术的改进与发展等。产业融合中的技术创新，其内容除了自身技术的研究开发和产业化之外，还具有两大特征：

第一，技术集成创新。这种技术集成创新以大量出现的新技术的群集创新为基础，当今世界的新知识、新技术创造性地集成起来，表现为高新技术产业之间的交合，最为典型的就是计算机技术与交换技术的融合、信息技术与现代生物技术的融合。

第二，技术扩散和技术结合创新。这种技术创新不是对单一技术提出要求，而是某种技术对其他技术的改造，把不同部门的产业技术有机结合起来，共同开发利用。高新技术产业与传统产业之间的渗透融合就具有典型的技术结合创新。与技术的集成创新相比，这种高新技术的扩散、渗透和结合，是产业融合中最重要、任务量最大的技术创新活动。就现代农业发展来说，现代科学技术的渗透融合是传统农业向现代农业转变的根本要求。

二　现代农业科学技术创新性

从显性的、直观的特征来看，现代农业和传统农业相比，表现为劳动生产土地产出率的巨大提高、农业产品数量和质量的极大增进以及农业经济效益的根本差异。究其根源，是现代科学技术的应用造成了这种区别，现代科学技术的应用是传统农业向现代农业转变的决定力量。现代农业技术和传统农业技术相比，其创新性在于：

第一，从技术的闭合性到开放性。在传统农业内部，技术自身遵循着低水平均衡基础上的闭合循环。传统农业在生产过程中，基本的生产资料如种子、化肥等投入的要素和简单的生产工具大部分来自农业内部系统，农业的产出也主要用于农业系统内部的消费，投入和产出构成低水平的闭合循环过程。在世代相传的积累和改良过程中，这些要素的配置已经达到均衡的状态，既不存在打破均衡的诱发力量，也不存在打破均衡的手段和条件。现代科学技术条件下，农业技术路线是开放的，农业投入的大部分要素如农业机械、化肥、农药、饲料、生物激素等来自外部系统，而生产的大部分产品出售到其他系统，农业生产过程成为一个高投入、高产出的社会物质交换的过程。

第二，从经验性到科学实验性。在传统农业中，没有外部力量的支撑，农业技术维持在使农业生产和自然过程高度统一的水平，技术传播的主要方式就是口传心授，技术进步是代际经验的缓慢、长期积累的结果。在漫长的传统农业阶段，农业技术几乎处于停滞状态。现代农业科学技术不再以自然的农业生产实践为唯一来源，现代农业科技进步是在科学理论的指导之下，通过人类主动的、有目的的、在一定的技术装备支持下的实验去不断发现、发明和创造的过程，技术进步的逻辑和市场竞争的压力使创新成为现代农业科学技术的灵魂。现代农业的发展，就存在于农业科学技术不断发现、发明和创新的进步之中。

三 现代科学技术对农业的渗透融合

现代科学技术对农业的渗透融合过程，就是现代农业技术创新和构建新的农业生产力系统的过程。农业生产力系统包括农业劳动者、农业生产工具和农业劳动对象，现代科学技术通过提高农业劳动者素质、改进农业生产工具和扩大农业劳动对象的范围而把农业生产力提高到一个新水平。

首先，现代科学技术在农业中扩散和应用的一个重要条件和结果，就是农业劳动者素质的提高。劳动者素质的提高是农业技术进步的重要条件，舒尔茨在《改造传统农业》中指出，迅速的经济增长的关键在于获得并有效地使用现代生产要素，并强调指出向农民进行特殊投资，使他们获得必要的新技能和新知识的重要作用。

其次，农业技术进步创造和改进了农业生产工具的功能。任何先进的生产工具和物质装备，都是科学技术的物化结果。生产工具的改进和提高，对生产力的发展起决定性的作用。现代农业技术进步所导致的创新的生产工具和先进的农业装备，正是舒尔茨所说的"现代生产要素"的重要组成部分①。

再次，现代农业技术的进步使劳动对象的品质改进、范围扩大，充分发掘和利用了自然资源。农业生产过程中，生物的种质资源选育始终处于农业技术体系的中心位置，农业生物遗传基因工程技术对常规育种的深刻革命，推动了农业生产力的质的飞跃。最后，现代农业科学技术作为生产力中最活跃的决定性因素，不仅使农业劳动资料、农业劳动对象和农业劳动者的素质都发生了质的提高，而且对整个生产力系统起着渗透、凝聚、调度、组合、控制的作用，使三者在新水平上实现有机结合与更好配置，从而实现对整个农业生产力系统的提升。

第三节　现代科学技术对农业渗透
融合的运行机制

现代科学技术对农业的渗透融合不是一个封闭循环过程，而是在市场竞争环境下各相关要素相互依存、相互作用和相互协调的过程。现代科学技术对农业的渗透融合就是在以经济利益为中心的动力机制和作为外部条件的制度、市场等环境机制的共同作用下，现代科学技术对传统农业进行技术改造、构建新的生产力系统的过程。

---

① ［美］西奥多·W. 舒尔茨：《改造传统农业》，梁小民译，商务印书馆 2006 年版。

一 现代科学技术对农业渗透融合的动力机制

现代科学技术对农业渗透融合的动力机制就是农业高新技术的应用和推广过程中以获取经济利益为目的的各微观、宏观主体之间的相互作用机制。

从微观层次上考察现代科学技术对农业渗透融合的动力机制，会发现现代科学技术对农业的渗透融合首先是作为客体要素的科学技术在主体要素之间的某种交换关系。即供给主体提供现代科技成果，需求主体采用现代科技成果，两者从现代科学技术成果的使用权和所有权的让渡中都能取得预期的经济利益。科学技术的供给动力来源于科研主体根据市场需求研制开发科技产品，并从科技商品所有权和使用权的出让过程中取得价值补偿和经济效益，这种动力表现为对农业科学技术研究和创新的持久推动力。虽然农业科研主体的科研活动都会得到政府的支持和资助，但是为了在市场竞争中保持自身的发展，其对经济利益的追求是不言而喻的，对具有企业性质的农业科研开发主体来说更是如此。高新技术的需求动力，来源于作为理性"经济人"的农业生产经营主体由于采用现代科学技术而带来的劳动生产率、土地生产率的提高、农产品质量改进和生产成本降低的经济收益。农业生产经营主体采用现代科学技术的目的是获得超过社会平均利润的超额利润，物质利益是科技需求的直接驱动力。这种动力表现为市场需求对农业科学技术供给的引发力，是农民、农业、农村为追求生活、生产、生态改善而产生的对现代农业科学技术的需求拉力。

从宏观层次来考察，现代科技对农业的渗透融合动力来源于政府对整个国民经济的发展、对粮食及其他农产品需求、社会安定、综合国力不断提高以及国际贸易关系中经济地位提高的期望。由于现代科技对经济发展和社会进步的巨大作用，政府往往对科学技术研究、创新以及科技成果的推广应用从整体上加以系统的规划和组织实施。在现代科学技术对农业的渗透融合机制中，动力来自于政府对农业科技研究发展和科技成果推广应用的激励。

从供给动力的角度看，现代农业科技的开发和应用具有很强的公益性，而农业生产的分散性和农业生产的特点决定了农业科技的创新和扩散活动面临着外经济性和风险性，其融合渗透过程不可能完全市场化，政府必须对农业科技提供宏观的资金支持、总体组织协调和政策干预等有利的外部条件。从需求角度看，我国农民较低的收入水平、农业规模经营的制约、农业生产经营收益较低、农民整体文化素质偏低等因素共同造成农业对高新技术有效需求的不足。而现代科学技术对农业发展的关键作用，使政府必须以宏观的经济手段和行政手段强化现代科技对农业渗透融合的动力机制，促进农业生产经营主体对农业科学技术的有效需求的形成。

二　现代科学技术对农业渗透融合的环境机制

现代科学技术对农业的渗透融合，是在多部门、多环节和多种要素相互作用下全面实现其技术价值、经济价值、社会价值的动态过程。这个过程的实现不但需要其内部动力机制的核心作用，还要外部环境机制的支撑和配合。

在市场经济条件下，现代科学技术对农业的渗透融合是在一定的社会制度下完成的。人类的各种技术活动，无论是科学研究、技术创新与扩散，都是在经济制度的框架中进行的。为了保证现代科学技术对农业渗透融合过程中各方主体的投入收益，必须建立产权清晰的制度安排。正如道格拉斯·诺斯所指出的："有效率的组织是经济增长的关键，而保持经济组织的有效性，需要在制度上作出安排和确认产权，以便造成一种刺激，将个人的经济努力变成私人收益率接近社会收益率的活动。"合适的社会产权制度的变革会对追求利益最大化的农业科学技术供给方和需求方产生正面激励作用，促使他们最大限度地调动起产权限度内的人力、财力、技术和物力资源以获取预期的收益，经济主体主观上追求经济利益化的努力在客观上推动了现代科学技术对农业的渗透融合。营造现代科学技术渗透融合所需要的制度环境，除了产权制度的改革和确定，还涉及价格制度、税收制度、金融制度等的改革和创新。这些制度建设的目标，就是在现代科学技术向农业的渗透融合过程中向各经济主体提供足够的利益刺激和充分利益保障。

　　现代科学技术向农业的渗透融合离不开完善的市场环境。完善的市场机制是好的市场环境的标志，也是现代科学技术转化为农业生产力的前提。对现代科学技术的扩散来说，完善的市场环境包括农产品市场建设、流转顺畅的生产要素市场建设以及作为科技成果商品化的重要场所的农业科技市场建设。保证各经济主体在市场环境中合理配置人力资源、资金资源和技术资源，是现代科学技术对农业渗透融合的基本要求。

　　现代科学技术对农业的渗透融合的环境机制还包括文化环境，即隐藏在社会经济过程和人的经济行为背后的文化传统和文化背景，或者广义文化变量中的创新意识、综合素质和价值观念等。在速水—拉坦（1985）的技术诱导变革模型中，文化因素、社会因素与其他一系列农业发展过程的重要变量之间的相互关系，是用四个要素来说明的。在该模型中，文化禀赋（社会和文化变量）既影响其他三个要素——资源禀赋、技术和制度，同时又受这三个要素的制约。建立有利于现代科学技术对农业渗透融合的文化环境，要求提高农业劳动经营者的综合整体素质，其中既包括农业劳动力科学文化水平的提高，也包括开拓和进取的创新能力，以及符合市场经济要求的风险意识和竞争观念。

第四节　现代科学技术对农业渗透融合的运行模式

　　现代科学技术对农业渗透融合的运行模式，是现代科学技术对农业渗透融合的微观和宏观动力机制、制度、市场和文化等环境机制的综合反映和集中体现，是现代科学技术应用于农业生产经营的具体环节和过程，形成新的农业科技产业、生产出新的农业科技产品或是将现代科学技术应用于传统涉农产业、生产出富含科学技术的新型农产品或加工品的具体实施方法和途径。由于我国农业生产力以及农村社会经济发展的现状很不平衡，劳动者素质也有很大的差异，这就决定了我国农业生产中传统农业技术与现代农业技术并存、先进生产手段与落后生产手段同时使用的状况。

这种复合的农业技术结构，决定了现代科学技术对农业渗透融合的具体模式的多样性。

现代科学技术对农业的渗透融合是一个动态的复杂过程，其实现受很多因素的影响和制约，从需求主体、供给主体之间的相互作用、组织实施的不同主体、不同组织方式等角度可以将其归结为不同的模式。从农业科技项目、产品与农业生产经营过程结合的不同方式看，现代科学技术对农业渗透融合的具体模式可以分为一体化融合模式和嵌入式融合模式。

一　一体化融合模式

一体化融合模式有四个关键性的步骤：现代科学技术的研究与开发——现代科学技术转化为产品——农业科技产品的大规模生产——农业科技产品的市场开发。这种模式下的融合渗透过程，是现代科技的供给主体以可应用的科技商品为中心，进行农业科学技术的转化、应用、大规模开发的一体化运作，其结果是以现代科学技术为基础的新的农业产业形态的出现和新的农产品的出现。现代科技的一体化融合模式把从农业科技的研究开发到农业科学技术化为现实生产力和现实经济收益的整个过程进行一体化、系统化、综合化的规划管理，实现科技与经济共生共长的有机结合。这种渗透融合的模式不仅仅是农业生产要素和生产方式的科技化、现代化过程，还涉及科技、农业、工业、商业、金融、服务等多个社会产业部门的协调和配合。从产业融合的角度看，这种一体融合模式不仅是现代科学技术对农业的渗透融合，更具有以现代科学技术为核心促进产业创新和产业结构升级的意义。因此，作为对区域或全局增长具有基础性和启动性质的一体化融合模式，往往是一个国家或地方政府以现有科技力量为依托，围绕相关的重大农业科学技术项目而制定的科技、自然、经济、社会全面推进的综合规划。我国的黄淮海平原农业综合开发项目以及我国很多地方政府主导下的农业高新技术园区建设就具有这样的性质。当然，一些具有强大科研实力的大规模企业，往往凭借其高度的市场和科技敏感性，在具有突破性技术领域展开农业高新技术的开发、研究和大规模的商品化、企业化运作而取得经济利润。我国"超大现代农业集团"依靠自主研发的高新技术项目的内部化而形成的完整的农业科技产业链条，就是现代科学技术的一体化融合。成功实现现代科学技术一体化融合模式的过程如图4-1所示。

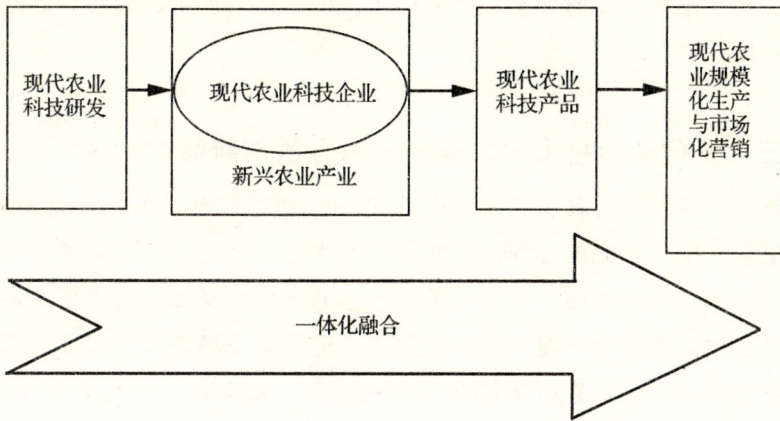

图4-1 现代科技的一体化融合模式

二 嵌入式融合模式

嵌入式融合模式也有四个关键性的步骤：传统农业企业投入现代农业科技项目——现代科学技术在传统农业企业中的应用——包含现代科学技术的农产品大规模生产——农业科技产品的市场开发。这种模式是在传统农业内部，通过嫁接一个或多个领域内的现代技术使传统农业产业实现科技化。

相对于一体化融合模式的全面性、系统性和综合性，嵌入式融合模式具有很强的灵活性和专项性；嵌入式融合模式的最突出特点就是不需要发起者自主的科学技术研发投入，而是从专业的研发机构有选择性地引入所需的农业科技商品，并通过这种科学技术与传统农业生产经营活动的融合渗透达到农业生产方式和农业产出结果的科学化。如果说一体化融合方式所具有的综合性、高投入、高风险性使其结果在具有强产业创新意义的同时具有更大的不确定性，那么嵌入式融合方式所具有的相对低成本性、专项性、灵活性则使其结果在具有一定幅度的产业创新的同时具有更强的市场针对性。对于我国农业生产力发展的不平衡状况，现代科学技术的嵌入式融合具有更广泛的地区和产业适应性。我国珠江三角洲的"两头洋、中间土"的科技融合模式，就是围绕传统的大宗农产品和农村土特产品，有针对性地引进国内外农科技，以示范性的种苗和生产基地带动更大范围的农户加入专业化分工的社会大产业体系，统一将深加工的最终产品销往国内外市场。

三　现代科学技术对农业渗透融合的创新强化效应

现代科学技术对农业的渗透融合是一个动态概念，是一个永不停息、不断更新、循环强化的过程。现代科学技术对农业的渗透融合所带来的创新效应并不是一次性的，而是在关联产业的循环互动和持续创新中不断被提升和强化。现代科学技术对农业的渗透融合是市场竞争环境下，各相关要素相互依存、相互作用和相互协调的过程，每个环节都具有商业性质。现代科学技术对农业的渗透融合始于农业生产过程之前，贯穿于整个农业生产经营过程中，并延续到农业生产经营过程之后，即在现代农技成果的最终受体——农民在生产经营过程中采用现代科学技术并取得预期的经益之后，这个渗透融合的过程并没有终结，而是又展开了更高水平上的又一次循环：现代科学技术对农业的渗透融合构造了新的、高级的生产力系统，促进传统农业的改造和分工与专业化基础上的农业生产力的发展。同时，农业经济的发展对现代农业科技的研究、开发和推广不断提出新的要求，并为现代农业科学的研究和应用提供了市场规模支撑。

就现代科学技术对农业的渗透融合来说，一次性的技术创新是远远不够的，从产业关联的角度，农业生产不仅需要多个产业部门提供的物资、设备、技术支持，而且是国民经济中多个产业部门的投入来源，即农业在国民经济各产业投入产出体系中居于基础性地位，具有较强的前向和后向产业关联性。农业的地位决定了现代科学技术对农业的渗透融合具有强烈的技术生态系统创新效应。农业生态系统创新效应，即现代科学技术对农业渗透融合所带来的技术创新效应，带动与农业关联的农产品加工技术、机械技术、化学技术、生物技术、电子技术领域的系统性技术创新，这是产业结构优化和经济增长的关键所在。

第五节　现代生物技术促进农业产业延伸

传统生物技术条件下，人类对农业功能的开发，主要限于食品、纤维和其他少量的经济作物领域，产品的初级性、低附加值、低技术含量等是农业的基本特征。现代生物技术的发展，充分发掘了农业的潜在产出能力和潜在的产出功能。

（1）能源农业。以化石等不可再生、高污染能源为推动力的工业革命的爆发导致了自然资源枯竭和生态环境恶化的双重压力，对人类经济社会的发展构成了严重挑战。在资源、环境的压力下和生物技术进步的基础之上，人类可再生、无污染的能源的目光再次聚焦在生物质产品上，由此导致了农业产业的延伸。利用可再生或循环的有机物质，通过工业性加工转化，进行生物燃料、生物能源、生物质产品的生产。

（2）化工农业。传统的以石油为原料的化工产品，不但消耗大量的不可再生资源，而且因为使用之后的不可降解性造成了对环境的极大压力。石油基塑料产品大量生产和消费正是造成这种状况的主要原因。以二氧化碳通过光合作用产生的粉、纤维素、半纤维素等可再生资源为原料生产、并且使用后可以在自然环境中微生物或光降解为水和二氧化碳，或者通过堆肥作为肥料再利用的聚合物进行生产，使原来不具有经济性的植物成为农业产品的来源，扩大了农业产出的种类和范围。

（3）医药农业。现代生物技术与农业的产业融合使农业向生物制药领域拓展；生物基因重组技术的出现，使农用生物制剂产业蓬勃发展，新一代生物农药、生物疫苗、生物肥料、动植物生长调节剂等产业，既是生物技术催生的服务于农业的新兴绿色环保产业，也是生物技术与农业产业融合的结果。在生物技术运用于人类医药制造方面，植物生物反应器工程利用植物作为生物反应器，生产各种药用保健用的活性功效分子，比如，用转基因植物生产口服疫苗等，是一种全新的药物生产模式。这种方式就好像在哺乳动物身上建厂，不但产量高、易提纯，而且作为生物反应器的转基因动物又可以无限繁殖。医药农业作为一种全新的农业形态，是农业功能和农业产业体系拓展的突出表现。

第六节　现代农业信息化

农业信息化的发展将使高新农业技术因地制宜地与区域、不同种质的农业生产结合起来，实现科学技术与农业生产的全方位渗透。一方面，农业的产业特性决定了其所面临的自然风险和市场风险比其他产业更高，即农业发展中存在着更大的不确定性。高新技术的发展对这种不确定具有一定的减抑作用，比如，现代生物产业与农业的融合发展，使农业生产过程中对动植物繁殖的可控性大大增强。而信息产业与农业的融合发展，将从信息收集、整合、配置和使用的角度，提高农业的生产经营能力，在最大限度上削减农业面临的不确定性。

农业信息化是一个广义的概念，包含着信息产业对农业全过程的渗透和改造。农业信息化就是用信息技术装备现代农业，依靠信息网络化和数字化支持农业管理，监测管理农业资源和环境，支持农业经济和农村社会信息化。

农业信息产业既是一种社会经济形态，又是传统农业发展到现代农业而进一步向信息农业演进的过程。其基本特征可以概括为农业基础设施装备、农业技术操作、农业经营管理、农业信息传播的自动化、网络化、数字化和智能化。从我国的发展实践来看，农业信息化主要包括以下内容：

第一，农业设施装备和技术操作的信息化。农业技术设施主要包括农田基本建设设施、农作物种子工程设施、农产品工厂化生产相关设施、农产品加工、贮藏设施、农业卫星遥感通信设施等。农业信息化首先是实现上述农业设施装备的信息化和自控化、智能化，然后就是在农业生产、加工的全过程实现技术操作的自动化、自控化。

第二，农业市场经营信息化。农业信息化为解决中国农业发展中"小生产"与"大市场"的矛盾提供了物质和技术手段。农业市场信息包括农药、化肥、农田设施、种子、农机具、饲料等农业生产资料供求信息以及粮油产品、果蔬产品、水产品、畜产品等农副产品流通、收益成本等信息。农业信息化建设通过网络和计算机技术对农业市场信息进行收集、整理、分析并快速传递给农民，从而使农民在准确、及时的市场信息的导引下作出正确的决策和成本收益分析，从根本上提高农业生产经营水平。

第三，农业科技信息化。农业科技信息化是指与农业生产、加工等领域有关的技术进步等方面的信息。包括农业生产加工技术、农业科研动态、农业科技开发等技术系统的变化信息。信息技术的高效集成功能，可以形成针对不同产品生产过程中的气候、土壤、水分、品种、植物营养和施肥、病虫害、植保、耕作等庞大动态系统的一体化高科技解决方案，比如，农业专家系统的应用，将使农业由定性到定量，由零星到集成，由经验走向科学。

第四，农业资源环境信息化。我国地域辽阔，农业资源与环境类型多且差异性大，土地与耕地面积、水资源、森林资源、农业环境污染等情况具有动态变化性，这些都需要在农业信息化的基础上实施精确的监控和掌握。农业信息化通过各种信息化设施与仪器，建立农业资源与环境的信息网络和农业资源环境的决策支持系统，以便更准确、及时地了解农业资源的开发利用和农业生态环境变化状况，为制定相应的政策和措施提供信息支持。

信息产业与农业的融合发展，与生物产业与农业的融合发展所带来的农业功能的改变有所不同。信息产业与农业的融合，改变的是农业生产经营的环境和条件，以及农业技术取得和使用的方式和速度，它可以提高农业的产量和综合效益，但并不改变农业产品的功能和属性。信息化农业的产品与传统农业的产品并没有功用的区别，但是信息化农业的产品与传统农业的产品在产品价值构成和来源上，却有着重大的区别。信息化农业的产品并不具有智能性，但在其生产过程中却密集集结了大量的知识和信息。从这个意义上看，信息化农业是以知识价值为特征的硬体生产与物质形态的硬体生产的高度融合，农业产品也成为不折不扣的知识产品。信息产业与农业的融合，从农业生产经营过程的知识、信息密集化的意义使农业具有信息产业的特征和属性。

第七节　农业生产方式变革：精准农业

精准农业的基本内容：精准农业主要应用3S技术及作物生产管理辅助支持系统和智能化农业机械装备技术，在定位采集地块信息的基础上，根据地块土壤、水肥、作物病虫害、杂草、产量等在时间与空间上的差异，进行相应耕种、施肥、灌水、用药等精准操作。

精准农业要求农业技术措施的差别从地块水平精确到厘米水平，从生物群体水平精确到个体水平，从生育时期水平精确到生长期分秒水平。精准农业的基本要求：一是农业规划、布局精准，农业项目的安排及分布与资源特点相吻合；二是农业生产投入精准，农业生产投入量、投入时间、投入方式每平方厘米的土地状况及每个生物的个体生长状况相吻合；三是农业产出精准，产出量、产出结构、产出时间等与市场需求状况相吻合。通过这些方面的精准使农业自然资源、经济资源、市场资源、社会资源等得到最有效、最佳的利用。

精准农业有一套技术体系。精准农业的技术体系主要由五个部分组成：全球定位系统（GPS）、地理信息系统（GIS）、遥感技术（RS）、变率处理技术（VR）、决策支持系统（DSS）。其核心技术是3S技术，即地理信息系统（GIS）、全球定位系统（GPS）、遥感技术（RS）。精准农业模式下，要实现对农田系统的精准调节，必须准确、及时地采集、传输与处理有关田间信息，并迅速决策以便采取调控措施。从这个意义上说，精准农业技术实质上是复杂信息管理与复杂决策系统。

精准农业是对农业产业属性和生产方式的革命性创新。精准农业体现了技术支撑下的农业增长模式向知识、信息、科技密集型转化的趋势和特点，是农业生产方式创新的突出表现。

首先，基于信息化的精准农业模式是对一般意义上的农业生产机械化、自动化的最优化。从本质上讲，精准农业并没有超越农业机械化、自动化的技术范式，精准农业是信息技术基础上的农业机械化、自动化、智能化的拓展和完善。但是一般意义上的机械化、自动化技术尽管以作业的高效率实现了对人类劳动的替代，但是其作业的精准程度只能达到以地块为单位。精准农业凭借现代信息技术的高精准度和海量信息的集成，使小尺度上空间资源数据的获取和小地块的精确信息获取成为可能，能够实现对作物生产管理的定点化、定量化，从而达到最优化。

其次，精准农业模式不仅仅意味着农业劳动投入的节约和土地产出率、农业生产率、农业经济效益的提高，其更深层次的意义在于生态保护基础上的农业发展的可持续性。传统形式下的机械化、化学化、水利化因为无法做到精准作业而在促进农业产出飞速增长的同时，也带来了资源和农业生态的问题。比如，我国是一个水资源极度缺乏的国家，但是目前我国农田灌溉水的有效利用率只有30%—40%（发达国家已达50%—70%），自然降水利用率不足35%，化肥及农药的利用率只有30%左右。而精准农业则可最大限度地提高田间水分、养分、药物利用率，在充分利用资源、降低不必要的投入、减少环境污染和生态破坏的基础上取得最大社会经济效益。

信息技术对农业的渗透融合，使农业生产过程逐步达到可控化、标准化和批量化，使农业从传统的劳动密集型、资本密集型向知识和信息、技术密集型转变。从这个意义上说，精准模式下的农业具有信息产业的特性。精准农业模式下的农产品，尽管其形态和功能不发生变化，但从其生产过程的要素投入结构来看，却是不折不扣的高新技术产品。精准农业模式不仅是提升农业产业地位和农业结构高级化的现代农业生产方式创新，而且由于这种模式对资源保护和生态平衡的重要意义而使其成为21世纪最富吸引力的农业前沿性研究开发领域。

第八节　工厂化农业

工厂化农业是指在相对可控环境条件下采用工厂化生产，实行集约高效和追求合理投入与最佳产出的现代化农业生产方式。工厂化农业应用现代工业技术装备农业，主要是利用成套设备或综合技术使种养生产摆脱自然环境的束缚，实现全年性、全天候、反季节的企业化规模生产。工厂化农业是现代生物技术、工程设施技术、信息技术在农业领域的集中应用和体现，是融生物工程、农业工程、环境工程为一体的跨部门和跨学科的综合系统工程[①]。20 世纪 70 年代以来，西方发达国家的设施农业、工厂化农业在国家大量补贴的政策支持下迅速发展，荷兰、以色列、美国和日本等国的设施农业、工厂化农业已经达到较高水平。在我国，20 世纪 90 年代以来，工厂化农业也已成为现代农业的一个重要产业领域。

工厂化农业涵盖了建筑、材料、机械、环境、自动控制、品种、栽培、管理等领域，是现代科学技术综合应用于农业的集中表现。在市场特性上，工厂化农业是以企业收益为中心、以市场需求为导向的专业化、社会化大生产。从综合效益上看，工厂化农业通过可控条件下的生产，在节省土地、水资源的基础上持续大幅度地提高单位面积的产出率，为市场提供安全、优质的农产品，实现了社会、经济、生态效益的统一。

但是，和传统的或者是常规的农业产出方式相比，工厂化农业最突出的特点是将工业领域的产出方式、组织方式融入农业中来，实现了农业生产方式的根本性变革。工厂化农业采用工业化的设施装备、工业化的生产手段，应用工业化生产过程和工业化的组织与管理方式，使农业生产有了固定的生产车间（温室）、产品加工车间、生产工艺、生产和产品技术标准，按工业化作业流程组织生产，在各生产企业内部有产、供、销系统和独立的成本核算制度[②]。从生产的流程、组织管理以及对生产的空间、时间约束甚至企业内部的生产场景来看，工厂化农业企业与一般的工业企业并没有根本的不同，从这个意义上讲，工厂化农业具有制造业的产业特点。但是，从产出功能、物理形态（尽管工厂化方式生产的农产品能比传统方式生产出的农产品在质量上甚至在物理形态上会有提高和改进，但并不构成本质上的区别）、市场需求特点来讲，工厂化农业又具有不折不扣的农业属性，是在社会分工和生产技术融合基础上催生出来的新型产业形态。

---

① 赵冬梅：《我国工厂化农业发展状况与对策研究》，《经济与管理研究》2002 年第 5 期。
② 同上。

第五章　现代农业产业体系横向扩展

产业融合模式通过产业功能和产业属性的复合、产业资源的深度利用和市场的重新定位，拓展现代农业的功能并拓展现代农业产业体系横向幅度的内在机理。产业融合模式下的新的农业形态的出现，推动现代农业建立起一个以食品和纤维产业为主体，涵盖了休闲农业、生态农业、能源农业、医药农业、保健农业等内容的多功能、宽幅度的现代产业体系。

第一节　现代农业产业体系的概念

农业产业体系的含义相当广泛和丰富，不同学者有不同的观点。

第一种观点认为，农业产业体系就是市场化的农业与其相关产业的组织结构和经营机制构成的有竞争力的系统。以美国为例，可以把农业产业体系的内容概括为农业食品产业、农业纤维产业、农业文化产业、农业生态产业、农业科技产业、农业装备产业、农业信息产业、农业资源产业等方面。[①]

第二种观点认为，农业产业体系是由生产、经营、市场、科技、教育、政策、服务等方面相互作用和相互依赖的产业系统，这种产业系统具有提升农业地位、增强农业产业竞争力、促进农村经济发展、推动农村现

---

① 丁力：《对美国农业的观察与思考》，《调研世界》2001 年第 12 期。

代化进程的重要功能，健全的农业产业体系是现代农业的基本特征之一。①

第三种观点认为，农业产业体系是以市场为导向，以效益为中心，依靠现代技术进行农业相关产业及其产品生产经营活动的有机整体。其中农业相关产业及其产品不仅是农产品，还包括以农业为基础的休闲农业、农业机械、农业生产资料、农业信息等相关产业及其产品。②

第四种观点认为，现代农业产业体系是由多部门组织的综合体，是农业生产、加工、销售、服务等多方面相互作用、相互衔接、相互支撑的统一体系，能实现农业产前、产中和产后协调发展的有机整体。③

综合以上研究者的观点，笔者认为，农业产业体系是广义农业内部在分工、专业化和融合基础上形成的以不同产品、不同生产经营环节、不同技术和服务为中心的价值创造的有机整体。

第二节　现代农业产业体系的两个维度

农业产业体系既是第一、二、三产业相互交织和融合的有机系统，又是整个现代产业体系的一个组成部分，具有横向和纵向的发展维度。从横向上看，农业产业体系的扩展与农业功能扩展相伴随，表现为农业从食品、纤维等实物产品的生产向文化、教育、休闲、生态、环保、能源、化工、服务等领域扩展，从而增加农业产业幅度的过程。从纵向上看，农业产业体系的深化是农业产业化经营深入发展和农业产业链条拉长的结果，表现为加工度的提高和价值增值程度的提高。从广义农业的产出结果看，农业产业体系的横向扩展，使农业产品从传统的粮食产品、畜牧产品、经济产品向多品种、多功能的农业实物产品、非实物产品方向发展，围绕这些生产和项目的专业化生产经营体系形成了农业产业体系内部新的产业内

---

① 成新华：《我国农业产业体系存在的问题与重建对策》，《生产力研究》2001 年第 6 期。
② 卢盛羽：《完善农业产业体系：问题与对策》，《理论研究》2002 年第 3 期。
③ 刘成林：《现代农业产业体系特征及构建途径》，《农业现代化研究》2007 年第 7 期。

容。从广义农业价值创造和实现过程来看，农业产业体系的纵向扩展是指农业关联产业沿某一农业产品、农业项目的价值创造和实现过程不断前向延伸和后向延伸而形成的分工演进过程，以及不同环节、不同层级、不同产业（一、二、三产业）领域的专业化主体之间市场化连接方式和组织结构的不断完善。农业产业体系的横向扩展，是在技术进步和需求升级过程中农业内部横向（产品、产业）分工深化而催生新产业的过程，农业产业体系的纵向深化，是农业内部各产业、产品在经营过程中围绕价值创造和实现的全过程而展开的纵向分工深化和协作整合过程。农业产业体系的横向扩展和纵向深化，是农业产业融合在技术渗透和制度构建两个维度上的不同表现形式。

第三节　农业产业体系的动态演进

农业产业体系的内容和结构是特定农业生产力水平和生产关系综合作用下的结果。在不同经济发展水平和不同农业发展阶段，农业产业体系具有不同内容和结构。不同层级的分工和专业化的发展导致了不同层级的产业的形成，分工和专业化的发展加速了技术进步速率，技术进步反过来又为分工和专业化的发展提供了可能和条件。分工和专业化、技术进步、市场需求和市场规模之间的相互作用是农业产业体系不断广化与深化、不断发展和完善的内在机制。

在前工业化社会中，农业是主要的社会生产部门，农业的基本功能是保障人类的衣食供应。因此前工业化社会中，农业产业体系不但产业范围狭窄，而且产业环节简单，农业的主要内容就是种植业。这种农业产业体系的内容和结构是与传统农业较低的生产力水平和自然经济条件下的农业技术条件相适应的。

工业革命对农业的深刻影响，不仅仅在于为农业发展提供了先进的技术和手段，而且在于将农业发展置于商品经济的发展轨道中，农业生产成为以土地、资本、劳动力为主要生产要素的经济效益最大化的商品化生产经营过程。工业化社会中，工业成为社会主要的产业部门，农业的产值比重逐渐下降，农业的产业贡献或产业功能可以概括为：粮食以及工业原料供给；提供劳动力；对农业部门产品的需求拉动作用；为工业化积累资本；出口外汇。与工业化所提供技术基础和升级了的需求条件相适应，农业产业范围从单一的粮食种植向多元化方向发展，为轻工业提供初级产品的经济作物种植和畜牧业的比重增加，同时农业产业经营的过程实现了专业化分工基础上的产业协作，农业产业链拉长，农业产业体系的广度和深度得到极大的拓展。

世界上发达国家农业的实践证明，在后工业社会、知识经济条件下，单纯农业的产值和就业比重已经下降到很小的份额，但是与农业相关的产值和就业比重却有相当大的份额。以生物技术、信息技术为代表的现代高新技术产业为农业生产的发展带来了革命性变革，农业生产本身成为一个发达分工基础上的社会化协作过程。社会不仅要求农业提供方便、安全、环保、健康、高质量的食品，而且要求农业发挥原料供给、就业增收、生态保护、观光休闲、文化教育等多方面的经济、社会、文化功能。与现代化条件下的生产力水平和社会需求相适应，现代化的农业产业体系在产业广度上，从食品、纤维产业扩展到生态、文化、资源、能源、医药、保健、化工等产业领域。在产业深度上，农业生产经营活动从产前的种子培育、品种研发到产中的农业机械、化肥农药、信息科技咨询到产后的储藏、加工、包装、运输、销售，形成了高度专业化、高度知识信息化的纵深的社会产业链条和网络。

从发达国家的经验来看，现代农业产业体系的内容应该包括以谷物、果蔬、畜产品农业生产、加工、销售为主的农业食品产业体系；以棉花、麻类等纤维制品的生产加工销售为主的农业纤维产业体系；以农业园艺、农村景点为主进行观赏、旅游、休闲和教育的农业文化产业体系；以林业、水土保持、资源环境的可持续发展为主的农业生态产业体系；以先进的种苗、生物、工程、科学技术、试验示范手段为支撑的农业科技产业体系；以化肥、农药、农用机械为主的农业装备产业体系；以农业数据和图像处理、计算机网络、农业决策支持和信息实时处理为主的农业信息产业体系；以土地、水资源等为资本运营的农业资源产业体系，等等。这些以农业为基础呈放射状出现的产业体系的发展、更迭、变化，不仅有力地推动了整个经济发展，也带动原来意义的农业的内部变化，使之升级换代、富于竞争力。现代农业产业体系是一个产业高度分工与产业高度融合的有机产业体系。

第四节　现代农业产业体系的横向扩展

产业的高度分工和高度融合既是现代产业经济的突出特征，也是现代农业产业体系不断发展和完善的内在逻辑。农业产业体系横向扩展，是社会经济发展过程中的必然结果。而推动农业产业体系横向扩展的因素既包括农业生产力水平，也包括与社会发展水平和经济结构相适应的市场需求。

从产业融合的角度看，农业产业体系的横向扩展，是产业分工基础上产业融合的结果，是农业与外部产业的技术、功能、产品、市场相融合而形成的新的产业分工。

首先，在农业的实物产出领域。高新技术产业对农业的渗透融合为农业生产的边界扩展和农业产品的功能扩展提供了可能。传统农业条件下的科技水平和生产手段决定了人类在改造自然过程中的局限性，因此，传统农业在某种意义上说，实际是一种经验农业。在经验农业条件下，人类对动植物资源的利用和改造局限性大且水平较低，发展缓慢。种植养殖构成了农业的主要内容，而且种植和养殖的动植物品种和品质长期保持较低水平。高新技术产业对农业的渗透融合，尤其是生物技术产业对农业的融合，极大地扩展了农业种质资源的范围，而且极大地拓展了农业产品的功能。转基因技术的应用，突破了传统育种方法面临的中间生殖隔离，可以将不同物种的动物、植物、微生物的有益基因导入目标载体而培育出新的品种、开发出农产品新的功能而催生新的产业，农业产业体系的横向内容从传统的食品、饲料、纤维产业扩展到能源农业、医药农业、化工农业，高新技术产业对农业的渗透融合是农业功能创新的关键因素。

其次，在农业非实物产品的产出领域。社会需求进步、升级的动力和压力使农业产业体系的横向扩展向生态、文化、教育、休闲、资源等产业

领域延伸，农业与农业外部产业通过交叉、延伸融合催生出新的产业成为
农业产业体系横向扩展的主要方式。在我国，生态农业是一种关注农业对
生态环境影响的生产模式，其主要内容是农业内部的不同子产业在一定的
空间和时间内按照生物链的原理交叉、融合而成的一种农业形态。例如，
休闲农业就是将文化、娱乐、教育、健身等功能融入农业生产场景和农业
生产过程，使农业具有文化、旅游等服务产业的属性，这既是农业产业体
系的扩展过程，也是农业产业结构优化和高级化的过程，综合体现了产业
融合的业务创新和市场创新效应。产业融合下的现代农业产业体系扩展机
理如图 5 - 1 所示。

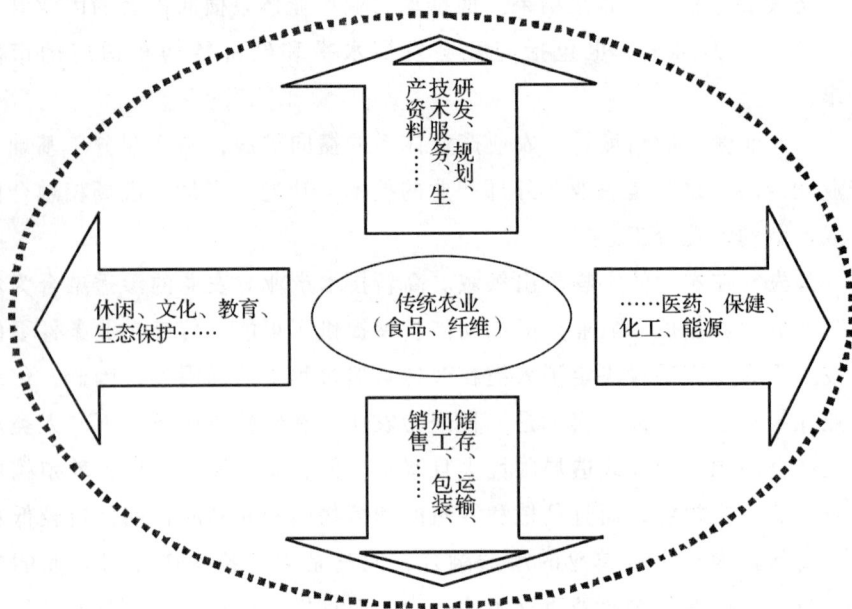

图 5 - 1　产业融合下的现代农业产业体系扩展机理

第五节　产业融合下的现代农业形态

一　生态农业

生态农业是针对现代经济社会发展过程中自然资源枯竭、生态环境恶化等而提出的一种可持续农业发展模式。英国农学家 Worthington 将生态农业的内涵定义为"生态上能自我维持，低输入，经济上有生命力，在环境、伦理和审美方面可接受的小型农业"。由于西方国家经济实力雄厚和人均自然资源充足，其生态农业不再以农业的经济效益为主，而是以生态效益为主，因而十分强调农业生产生物过程的自我维持。中国生态农业是借用西方生态农业的名词，吸收中国传统农业思想的精华，结合现代农业科学技术而形成的具有中国特色的农业发展模式，是以科学原理为指导，利用动物、植物、生物间的相互依存关系，应用现代科学技术，保护和充分利用自然资源，停止和减少环境污染，形成生态和经济的良性循环。根据我国生态学家叶谦吉的定义，所谓生态农业就是从系统思想出发，按照生态学原理、经济学原理和生态经济学原理，运用现代科学技术成果和现代管理手段以及传统农业的有效经验建立起来的，以期获得较高的经济效益、生态效益和社会效益的现代化的农业发展模式①。

相对于农业内部种植业、养殖业和畜牧业在空间、时间上分立发展的传统生产模式，生态农业强调农业产出的系统性和融合性，是一种基于资源整合、生态优化、维护农业可持续性的产出方式的改进。生态农业是生态化和科学化有机统一的新型农业产业形式。在我国生态农业实践中，形成了几类较有代表性的类型与模式（见表 5−1）。

根据表 5−1，按照生产过程中不同产业之间交叉融合的生态学原理，可以将中国生态农业中不同产业的融合原理大体归结为以下几种类型：

---

① 叶谦吉：《生态农业：农业的未来》，重庆出版社 1988 年版。

表 5-1　　　　　　　　　　中国生态农业类型与模式

种类	主要类型	主要模式
1. 同一生产部门中不同物种或不同生产过程的组合	（1）作物轮作间作与套种	粮食作物轮作、粮—经作物轮作、粮—蔬作物轮作、粮—果轮作等
	（2）水体中的复合养殖	鱼类混养、复合水产养殖等
	（3）混合造林	
2. 不同生产部门中不同物种或不同生产过程的组合	（1）农—林系统	林—果、林—蔬等
	（2）林—药系统	林—药间作
	（3）动植物共生系统	
3. 不同尺度的农业生态系统	（1）农户庭院生态系统	
	（2）生态村	
	（3）生态县	
	（4）防护林系统	"三北防护林"、长江防护林、沿海防护林、平原防护林等
4. 不同生态系统中的生态农业	（1）湿地生态农业	小流域综合治理、低丘缓坡开发
	（2）山地生态农业	桑基鱼塘等
	（3）平原生态农业	绿洲农业、节水生态等
5. 农—工复合系统与能源系统	（1）农-工复合系统	玉米多级利用等
	（2）能源多次多级利用	可再生能源综合利用技术、沼气

资料来源：李文华：《生态农业的技术与模式》，化工出版社 2005 年版。

（1）时空结构融合型。即根据生物种群的生物学、生态学特征和生物之间的互利共生关系而组成农业生态系统，使处于不同生态位置的生物种群形成时间上多序列、空间上多层次的三维结构，比如粮—蔬作物轮作、湖泊中复合水产养殖以及混合造林等形式。

（2）食物链融合型。即按照农业生态系统的能量流动和物质循环规律构成农业生态系统，使得系统内各环节的产出和投入相衔接，达到系统内能量转换率和资源利用率的提升，比如桑基、果基鱼塘、林—蛙系统等植物、动物共生系统，等等。

（3）时空食物链融合综合型。即以上两种模式的综合。实际上在生态农业的模式下，时空结构型生态农业模式和实物链型生态农业模式经常是相互交织的，一种生态农业系统经常兼具二者的特性，比如稻—鱼生态农业系统，从农业资源的利用来看，具有一定的时空结构；但从动植物生产过程中的物质、能量交换来看，又具有食物链结合性质。

（4）产品和能源多级开发融合型。这种类型的生态农业模式往往具有循环经济的性质，强调农业产品或能源在开发、生产全过程中的不同环节、不同部门之间的投入产出的紧密衔接和物质的循环利用。渔—农—啤模式、蔗—糖—纸模式、沼气系统的生物质多级利用等模式都属于这种类型。这种类型的生态模式是农业内部的子系统之间的结合，而且经常是包括了农业和工业生产部门的具有生态、经济、社会效益的广义上的综合生态系统。

二　能源农业

一般认为，生物质主要是指可再生或循环的有机物质，包括农作物、树木和其他植物及其残体。也有从资源的高效利用和循环经济效益考虑，对农林废弃生物质资源给予更多重视，提出生物质以非食物用木质纤维素类物质为主。更广泛意义上，生物质产业被定义为"生物基工业"，即除生物能源、生物燃料外涵盖了整个生物化工产品，以至基因工程制药[1]。从产业发展的战略需要、经济成本、原料和技术条件而言，我们目前所大力提倡的生物质产业，其主要和重点的发展是能源农业。

（1）能源农业是我国现代农业发展的战略重点[2]

所谓能源农业，就是以提供能源资源及其转换产品为主要目的的农业

---

① 石元春：《发展生物质产业》，《中国农业科技导报》2006年第8期。

② 生物质能源产业是具有石油替代、环境保护、农民增收功能的新的经济增长点，我国在2010年将可再生能源消费比例由2005年的7.5%提高到10%。2006年1月《中华人民共和国可再生能源法》正式颁布实施。2006年8月，国家发改委、农业部、林业局联合召开了"全国生物质能源开发利用工作会议"。2006年11月12日财政部正式启动生物质能源与生物化工财税扶持计划。2006年11月17日，发改委通过生物乙醇发展规划及政策建议论证。2007年1月18日《农民日报》以整版的篇幅介绍了这项新兴的生物质产业。2007年中共中央、国务院关于积极发展农业、扎实推进社会主义新农村建设的若干意见的"一号文件"中，强调推进生物质产业发展，并提出以生物能源、生物基产品和生物质原料为主要内容的生物质产业，是拓展农业功能、促进资源高效利用的朝阳产业。

生产及相关活动。能源农业以生物质能为主要开发对象，以直接燃烧、物化转换、生化转化、植物油利用等四种方式利用生物能源。目前来看，直接燃烧的方式是缺乏效率和产生污染的，不鼓励发展。能源农业具体涉及的技术包括沼气、秸秆气化、燃料乙醇和生物柴油提取等。能源农业作为现代农业与能源产业融合渗透而成的新型产业，在现代农业建设中具有重要的战略意义和广阔的发展前景。

（2）我国能源农业发展的基本原则

人多地少的基本国情决定了保证粮食生产是中国农业的首要目标，粮食安全与能源安全必须协调统一。我们不能否认能源农业与粮食生产之间存在着一定的矛盾与冲突，尤其是对于中国这个资源相对短缺的国家，因为生物质能源、产品与粮食同源，都是利用土地，通过光合作用进行生产，但这并不意味着这对矛盾是不可调和的。相反，从系统学的角度讲，简单系统不如复合系统稳定，粮食生产与能源产业可以构成复合系统，必须对二者的发展进行统筹协调。就目前能源农业的发展现状来说，在一定规模下发展生物质产业不会影响粮食安全，相反还会有利于粮食安全。关键是建立能源农业系统与粮食生产系统的有效衔接，并在新的复合大系统下，重点解决系列关键技术，通过技术集成创新，发展能源农业。"不与人争粮，不与粮争地，不与传统行业争利，不与发达国家争资源"成为我国发展能源农业的基本原则和约束条件。这样的约束条件，决定了中国能源农业的原料来源主要是陈化粮、植物秸秆、甜高粱、木薯、甘蔗、旱生灌木等非食用性农产品，黄连木、麻风树籽等林木资源，以及畜禽粪便等各种农林废弃物。发展能源农业的土地资源主要是农业边际性土地，如盐碱地、荒山、荒草地、滩涂等不宜垦田但又能生长植物的土地。

三　休闲农业

20 世纪 80 年代末以来，休闲农业（Agritourism）成为农业生产经营的一种新形式，在全球范围内得到迅猛发展。有学者认为，休闲农业（或称观光农业或旅游农业）是以农业活动为基础、农业和旅游业相结合的一种新型交叉型产业。它以充分开发具有观光旅游价值的农业资源和农业产品为前提，把农业生产、科技应用、艺术加工和游客参加农事活动等融为一体，供游客领略在其他风景名胜地欣赏不到的大自然浓情意趣和现代化的新型农业艺术的一种农业旅游活动①。我国台湾地区相关机构制定的《休闲农业辅导管理办法》中关于休闲农业的定义是："利用田园景观、自然生态及环境资源，结合农林渔牧生产，农业经营活动、农村文化及农家生活，提供国民休闲，增进国民对农业及农村之体验为目的的农业经营。"综上所述，本书认为休闲农业是指以农业为主题，以自然环境、农业景观、农事活动、农村生活、农耕文化、民俗风情等自然和人文资源为基础，通过科学的规划和开发设计，为游客提供观光、休闲、度假、体验、娱乐、健身等多项需求的农业与旅游业相结合的一种新型产业。广义上看，休闲农业是指广泛利用农村空间、农业自然资源和农村人文资源进行旅游开发，满足不同层次游客的不同需要的产业体系。它不仅包括传统的农业生产经营活动，而且包括农村观光游览与之有关的旅游经营、旅游服务等内容，为游客提供具有农村特色的吃、住、行、玩、购、娱等多方面的产品和服务。

在国外，与休闲农业概念相近的术语较多，主要有观光农场、乡村旅游等。实际上，因为国外农业经营的基本单位是私人农场，因此观光农场就成为休闲农业的主要经营形式。而乡村旅游的概念，突出的是休闲农业的空间地域特色。在我国，与休闲农业的概念、含义相近或相同的还有"农业旅游"、"观光农业"、"观光休闲农业"、"都市农业"、"体验农业"、"旅游农业"、"观赏农业"、"生态旅游农业"、"田园农业"、"乡村旅游"、"农村旅游"等称谓。因为休闲农业所具有的农业、旅游业的交叉融合性，可以从农业的角度和旅游业的角度对休闲农业的结构和功能进行分类，见表5-2（a、b）。

休闲农业是一种体验农业。"休闲"是人类的一种身心状态，更是一种体验的过程，休闲农业的兴起是体验式消费方式下对农业功能的拓展和开发过程。美国休闲研究学者杰弗瑞·戈比（Gooffrey Godbey）的论述可以作为人类对休闲的主体认识："休闲是从文化环境与物质环境的外在压

①　郭焕成：《观光农业：农游合一的新兴产业》，《中国市场》1999年第7期。

表 5-2 (a)　　　　休闲农业结构分类（以第一产业进行分类）

一级类型	二级类型（经营）	三级类型（功能）
休闲种植业	优质蔬菜园、绿色食品园、高产瓜果园、观赏花卉园	野味品尝、自摘瓜果、观光园、百草园、百药园、农业科技园等
休闲林业	天然林、人工林场、人工果园、绿色造型公园等	森林野营地、观赏林区、避暑林地、森林浴疗场、森林科学考察区等
休闲牧业	奶牛场、牧马场、牧羊场、养兔场、特种动物养殖场	跑马场、动物博物馆、观光奶牛场、斗牛场、奶制品品尝中心等
休闲渔业	渔场、淡水养殖场、海水养殖场	垂钓场、捕捞场、水产品品尝中心、渔船驾驶场、珍稀水产观赏馆等
休闲副业	编、织、绣等农副产品加工	编造工艺观赏、自加工体验等
休闲生态农业	桑基鱼塘、林果田园等	生态农业观赏、生态农业体验

表 5-2 (b)　　　　休闲农业功能分类（以第三产业进行分类）

一级类型	二级类型（功能类型）
观赏型休闲农业	蔬菜观赏园、瓜果观赏园、花卉观赏园、观赏林区、珍稀水产观赏馆、手工工艺观赏中心等
品尝型休闲农业	野味品尝中心、瓜果品赏园、山珍品尝中心、特色农产品品尝中心等
购物型休闲农业	新鲜农产品购物中心、山珍野味中心、水产品购物中心、工艺品购物中心等
劳务体验型休闲农业	农产品采摘、垂钓场、捕捞场、渔船驾驶中心、自制手工艺品等
娱乐型休闲农业	森林野营、跑马、斗牛、狩猎等
度假休闲型休闲农业	森林浴场、避暑胜地、温泉疗养等

力中解脱出来的一种相对自由的生活，它使人能够在以自己喜好的，本能地感到有价值的方式，在内心之爱的驱动下的行动，并为信仰提供基础。"休闲不是一种简单的"消遣"，而是一种出于"本能"的、人类"有价值的方式"和"内心之爱"的行动。随着人类社会的发展，从"文化环境与物质环境的外在压力中解脱出来"，过一种"相对自由的生活"，

就成为无论马克思还是马斯洛所指的人类自身发展的重要内容，人类需求的升级是休闲农业兴起的经济社会背景。

四　休闲农业产业体系建构

休闲农业是农业和旅游业之间交叉融合的产物，因此从生产粮、油、菜、肉、果、药、木等农产品和产业开发的资源与空间载体看，休闲农业属于第一产业，但从休闲农业的经营内容、市场定位、消费特点来看，休闲农业则属于第三产业中的旅游业。甚至从农业产品的价值衍生角度看，休业农业甚至还具有第二产业的功能（比如特色农产品的深加工和系列化开发等）。从产业融合的价值链创新角度看，休闲农业是在充分挖掘农业自然资源、生态资源、人文资源（对于传统的农业生产经营方式而言，这些自然、生态、人文资源具有"剩余资源"性质，即生产经营单位自身无法利用，也无法通过市场出售而获得收益）的基础上，将贯穿传统农业生产经营过程的价值链条进行重新定位整合的结果。这种价值链整合具有产业分工内部化的性质，即通过将价值链前向或后向延伸而将不同产业（第二、第三产业）的经营内容内部化于农业生产经营过程之中，或者在保留传统生产经营内容的前提下，将其他产业的经营内容、经营方式、市场开发和消费者定位引入农业，从而使农业中融入其他产业的属性而实现的产业模式创新。

休闲农业模式下，农业的生产功能成为休闲功能的基础，而休闲功能的充分发挥促进了农业生产功能和经济效益的提高。从整个融合的产业范畴来看，休闲农业涵盖了第一、二、三产业的经营内容：从农业产品的种植、养殖，休闲农园、休闲项目的规划开发，到旅游营销、旅游服务和旅游产品的生产加工；从为消费者提供新鲜、特色农产品，到为消费者提供导游、解说、旅行社服务、交通运输、餐饮业等全程服务，休闲农业具有高度的产业交叉融合属性。

休闲农业具有旅游服务业的产业属性，而旅游服务产业具有很强的产业关联性和服务内容的多样性，可以将农业延伸到更广阔的产业空间，围绕旅游服务，休闲农业下的农业资源、技术、资金、人力等向更多、更高级的产业领域整合，在不断拓展农业的功能和利润空间的同时，构建了现代休闲农业的产业体系。随着经济发展和社会进步不断升级和多元化，休闲农业形态也从最初的观光、采摘、"农家乐"等简单形式发展到与文化、科教、娱乐、度假、健身、医疗保健等产业的深度融合。这些休闲领域的产业化、系列化开发，不断拓展和构建着休闲农业的产业体系。

第六章　现代农业产业体系
纵向深化

本章从产业融合的角度将农业产业化经营的实质界定为分工和专业化基础上的农业关联产业的纵向一体化融合。农业产业化发展促进了农业产业链的构建和整合，农业产业链的整合和外延式、内涵式优化使现代农业的发展空间和营利重心不断向高附加值的产前和产后环节延伸，从而促进了一、二、三产业融合发展的现代农业产业体系的纵向深化。

第一节　农业产业化

从发达国家农业发展的历史和现实来看，农业与工业、服务业的融合发展，以及农业产业体系的纵向深化，是现代农业发展的必然要求。我国农业的基本资源条件和历史发展路径，使我国农业产业化经营的制度创新，既体现着农业发展的一般规律性，也反映了我国农业生产经营的特殊要求。从产业融合的视角考察，农业产业化经营的实质就是分工和专业化基础上的农业关联产业的纵向一体化融合。

一　我国农业产业化经营的发展历程

我国农业产业化经营萌芽于改革开放初期。拥有比较先进生产力的农垦系统曾经探索把农工商联系起来经营，但是其中混杂着计划经济的成分。20世纪80年代初到80年代后期，农村家庭联产承包制实行以后，在生产力发展基础上，农业开始由传统自给自足型向商品型转变，商品生产中出现的重点户、专业户开始在生产、流通环节上尝试一体化经营。20世纪90年代初期到中期，山东、浙江、广东等省都在农村经济发展中开始了产业化的实践，并在理论和政策上展开探讨。作为一个正式的概念，农业产业化经营是1993年山东省在总结农业和农村发展经验时，作为一种新的农业发展战略而首先提出来的。具体做法是：引导一家一户的分散经营，围绕主导产业和产品实行区域化布局、专业化生产、一体化经营、社会化服务、企业化管理，组建市场牵龙头、龙头带基地、基地带农户，种养加、产供销、内外贸、农工商一体化的生产经营体系。山东的做法引起了全国范围内农业产业化的实践和理论研究的热潮，在此后的讨论和探索中，理论界和实践部门就农业产业化的理论内涵和实质以及农业产业化的基本模式总结达成了基本的共识，农业产业化被视为继家庭承包经营制度后的"第二次农业经营体制改革的开始"[1]。尤其是2000年以后，在农民增收问题越来越突出的背景下，农业产业化经营这种融改革、发展于一体的农业发展战略，逐渐上升为主导政策[2]。

二　农业产业化的定义和内涵

关于农业产业化的定义，比较全面、引用较多的有两个。

第一个，农业产业化"是以国内外市场为导向，以提高经济效益为中心，对当地农业的支柱产业和主导产品，实行区域化布局、专业化生产、一体化经营、社会化服务、企业化管理，把产供销、贸工农、经科教紧密结合起来，形成一条龙的经营体制"。"简言之，是指改造传统的自给半自给的农业和农村经济，和市场接轨，在家庭经营的基础上，逐步实现农

---

① 加入WTO以后在国际农业产业体系的竞争中，农业产业化经营进入一个新的阶段。在党和政府的重要文件报告中，农业产业化经营被认为是推进农业商品化、专业化、现代化的重要途径而成为发展农业的基本方向。在《十一五规划》和2006、2007年中共中央、国务院关于建设社会主义新农村和发展现代农业的"一号文件"中，都把推进农业产业化经营作为发展农业的重要战略举措。

② 《论农业产业化》，《人民日报》社论，1995年12月11日。

业生产的专业化、商品化和社会化。"① 第二个，"农业产业化的基本含义是：在市场经济条件下，通过将农业生产的产前、产中、产后诸环节整合为一个完整的产业系统，实现种养加、产供销、贸工农一体化经营，提高农业的增值能力和比较效益，形成自我积累、自我发展的良性循环的发展机制。在实践中表现为生产专业化、布局区域化、经营一体化、服务社会化、管理企业化的特征"。②

这两个关于农业产业化的定义虽有差别，但概念的核心部分基本相同：都强调了农业生产经营过程中各部门、各产业、各环节的一体化经营，都将专业化生产、区域化布局、一体化经营、社会化服务和企业化管理作为农业产业化的基本特征。

农业是利用生物生长发育来获取动植物产品的社会生产部门。尽管农业具有独特的产业特性，尽管现有产业经济学的很多理论都不是针对农业的产业实践，但是作为市场条件下提供在一定范围内具有可替代性产品的生产部门，农业具有和制造业、商业等相同的产业地位，产业经济学理应成为农业产业化的理论基础。农业产业化具有中观的产业分工与协作的意义，也具有微观的农业生产经营组织构建的意义。

三　我国农业产业化经营的类型和组织模式

从各地实践看，按农业产业化的联结程度，主要有两种发展类型：

第一，松散型。即"龙头"凭其传统信誉和为农户提供各种服务，联结基地和农户，主要是市场化关系，没有其他约束关系。

第二，紧密型。即"龙头"通过合同（契约）关系、股份制关系、股份合作制关系等约束方式，联结基地和农户及其他参与者主体。

根据由谁做"龙头"和参与者主体的结构来划分，目前我国各地实施的农业产业一体化经营有五种组织模式（参见表 6-1）。

---

① 中华人民共和国农业部：《1995年农业发展报告》，中国农业出版社1996年版。
② 翟虎渠等：《农业概论》，高等教育出版社2006年版。

表 6 - 1　　　　　　　　　　农业产业化经营组织模式概览

基本类型	基本结构
市场带动型	专业市场 + 农户
龙头企业带动型	公司 + 基地 + 农户
主导产业带动型	主导产业 + 农户
中介组织带动型	协会（合作社）+ 农户
综合开发区带动型	开发区 + 农户

第二节　农业产业链整合

一　农业产业体系的纵向深化过程

　　农业产业体系的纵向深化过程是市场化条件下，围绕农业价值创造和实现全过程的第一、二、三产业之间的融合渗透而形成的微观、中观和宏观意义上的农业产业链的构建、整合和延伸过程。从投入产出的产业关联角度看，农业产业体系的纵向深化是第一产业与第二、三产业融合发展的过程。传统农业的生产经营是一种封闭孤立的物质循环过程，投入和产出基本上在自给自足的农业内部实现。现代技术对传统农业的改造，就创新原理来讲，是打破这种封闭和落后的循环过程，建立一种新的生产函数，把新的生产要素和生产条件的新组合引入到农业生产体系中来。现代农业成为一个离开现代工业、现代服务业便无法独立存在的产业部门，同时，随着农业生产经营的社会化进程，农业不但作为食物和工业原料的提供部门而在现代社会经济结构中占据基础性地位，而且农业生产部门也越来越成为现代工业、现代服务业发展的重要领域和劳动力就业的重要阵地，农业生产经营过程与现代多个产业部门的相互渗透和融合使农业产业体系不断向纵深方向发展。

　　从分工和专业化角度看，农业产业体系的纵向扩展表现为农业专业化分工基础上的不同产业之间的协作和整合。分工和专业化基础上的报酬递增是经济进步的源泉，现代农业产业体系是一个实现了高度产业分工的不同产业环节和产业组织之间相互协调和合作的价值系统。从农业种质的研究和培育，到农作物、动物的种植、养殖和管理，一直到农产品的收获、加工、运输和销售，整个农业生产经营过程实现了高度的产业分工。农业价值的最终实现，需要跨越多个产业的多个经济单元之间的组织合作和协调，从而形成一条具有价值追加性的农业产业链。在组织形式上，这样的产业链既可以采用一体化的形式，比如内部化型产业融合下的农工商综合体；也可以采用合同化的市场契约方式，比如整合型产业融合下的企业网络方式。

围绕某一产品、某类产品和所有农产品生产经营全过程的跨产业的微观、中观和宏观产业链条，构成了农业产业体系的不同层次。农业产业体系的纵向扩展，是围绕农业价值的创造和实现的高度产业分工基础上的高度产业融合。具有竞争力的农业产业体系，既包括横向上的产业范围扩展和结构的合理化，也包括纵向上产业链的延伸、拓展和符合市场化规则的组织安排。从我国的实践来看，农业产业体系的纵向扩展，在农业发展的原则和方向上，表现为农业的产业化经营，在围绕具体产品生产经营过程中的不同产业、不同部门的组织制度安排和利益分配机制上，表现为具体的农业产业链的构建。

从中观的产业层面上看，农业产业化经营的实质是第一、二、三次产业分工在广义农业内部延伸融合的过程。分工和专业化效益是农业产业化经营的基础，产业融合的一体化复合效益是农业产业化经营的目标和关键。三次产业之间的延伸融合和内部化，揭示了现代农业发展的规律性路径，指明了农业发展的方向和目标。从微观的生产经营管理角度看，农业产业融合表现为不同产业领域的生产经营主体围绕特定农业产品或服务的价值创造和实现而展开的价值整合过程。

二　农业产业链的内涵、特点和体系结构

（1）农业产业链的内涵

农业产业链实际上是制造业中的"产业链"的理念在农业经营战略中的应用。农业产业链指以不同农产品为中心，由产前、产中、产后提供

不同功能服务的组织或部门之间相互密切的技术经济联系而形成的网络关系，不同的农产品形成不同的产业链。从更一般的意义上看，农业产业链是生产最终交易的农产品或服务的活动过程中，从产前物资供应到最终消费者之间所涉及的所有增值环节上的农业生产经营主体之间的联系网络。

（2）农业产业链的特点

农业产业链和制造业产业链相比，具有不同的特征。这种特征既是农业产业链不同于制造业产业链的具体表现，也揭示了农业产业链的产业局限性和风险性，构成了农业产业链整合的约束条件。

第一，自然约束性。农业是受环境条件影响最大的产业，农产品的区域性、资源特性往往影响农业生产的规模，从而影响农业产业链构建的基础；农产品的生物特性使得其在储藏、运输、加工等方面受到很多制约，并在很大程度上决定其加工路径和方向。最重要的是，农业生产的自然依赖性使农业产业链的经济效益具有更大的不确定性。

第二，农业产业链的"发散型蛛网效应"。蛛网效应或蛛网循环是指由于信息稀缺下生产供给与市场需求的不平衡所引起的产品的周期性波动。农业产业链中，市场对最终产品的需求会逐级向其上一环节传递，直至最初的原料产业。当下游产品的需求发生增减变化时，会产生一种"需求乘数"效应，上游产品的需求增减会被放大。但由于农产品生产的季节性，生产者的现期生产决策不仅不能使蛛网循环收敛，而且因信息稀缺所导致的合成谬误使其发散偏离。因而，随着产业链环节增多，初级产品波动呈发散型蛛网循环①。

第三，农业产业链内部交易费用较高。一方面，因为农业生产的分散性和小规模，造成农业产业链在生产组织、质量监控、信息传输、价格协商等方面交易成本较高。另一方面，农业生产具有地域性，现实中行政性区域市场分割和地方保护主义往往造成农业产业链的人为分割，使得协调农业产业链的难度增大。

第四，农业产业链技术一致性难以保证。产业链的技术一致性是指产品从起端经过若干中间环节直到终端的过程中，技术联结稳定，产品性能

---

① 王雅鹏：《农业产业链的增值效应与拓展优化》，《中南民族大学学报》2004 年第 7 期。

相容，整链衔接协调。在农业产业链中，由于农产品受地理环境、气候条件等自然因素的影响较大，其产品质量和性能的可控性、标准化较差。尤其当初级农产品的质量和技术标准难以控制时，往往会影响下游产业链的价值增值程度，从而造成整体产业链的低效益。

（3）农业产业链的结构

农业产业链是产业链中特殊的一类，是一种或几种资源通过若干产业层次不断向下游产业转移直至到达消费者的链式结构。在实际应用中，由于众多农产品各自的生物特性、经济特性、用途和加工程序差异较大，导致农业产业链的结构形态具有复杂性和多样性。尽管农业产业链的长度、宽度各不相同，但其最基本的结构却具有一定的规律性：强调以农业生产资料供应，农产品生产、加工、储运、销售及最终消费者之间的物流、信息流与资金流的串联与整合，来实现农业产业链体系的增值。农业产业链的基本结构如图 6 - 1 所示。

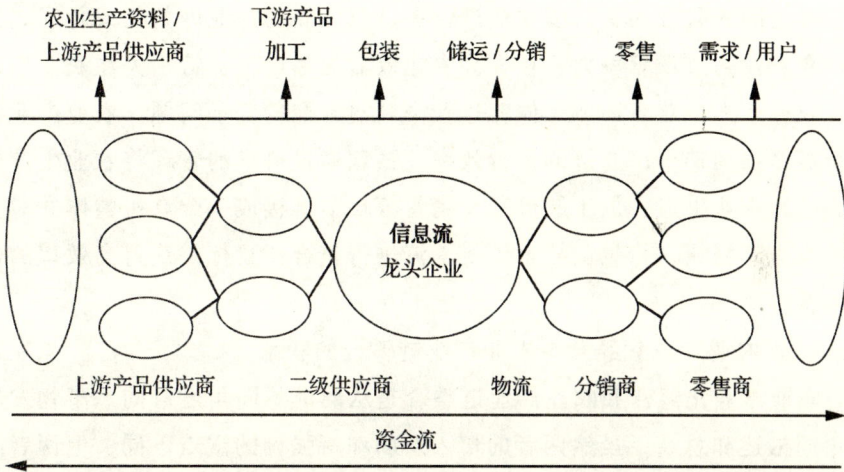

图 6 - 1 基于龙头企业的农业产业链结构体系

资料来源：黄希惠：《基于 SCM 的农业产业链整合与构建》，《经济管理》2007 年第 2 期。

三 农业产业化经营与农业产业链整合的区别和联系

（1）农业产业化经营与农业产业链整合的区别

首先，农业产业化经营是农业经营方式和农业经营体制的改革与创新，是一种市场化的农业产业经营理念、发展趋势和发展模式。农业产业化经营作为产业发展战略从中观的产业关联层面总结了现代农业发展的规律和路径，指明了农业发展的方向和目标，揭示了一、二、三产业之间的延伸融合是农业产业化经营的基本内涵。农业产业链的整合作为组织发展战略，从农业生产经营的微观层面体现了不同组织之间以价值创造和实现为目标的协作关系。产业之间的投入产出关系在农业产业链中具体表现为上下游企业之间的产品、资金、价值、信息联系，农业产业链的整合是跨越不同时间和空间的相互依赖的产业链条的对接。

其次，二者强调的重点不同。我国的农业产业化经营从不同功能的市场主体之间的联合入手，以农业产供销、农工商的企业内部化或合同式经营提高农业的市场竞争力，在提高农业效益的基础上，特别关注农业生产者在农业生产经营各环节一体化过程中利益分配的公平问题。农业产业链整合更多强调整个产业链的运行效率，强调通过科学的管理将农业生产资料供应，农业生产、加工、储运、销售等环节链接成一个有机整体并对其中的人力、物流、信息、技术等要素流进行整合，目标是获得高效率的价值增值。

（2）农业产业化经营与农业产业链整合的联系

农业产业化经营和农业产业链整合是从两个不同角度对同一事物发展的不同描述和总结，虽然两者的切入层面和所强调的重点不同，但两者存在着本质的联系。

首先，农业产业链整合和农业产业化经营均以农业生产和农产品为核心，同时涉及农产品的加工和销售，两者之间存在着密切联系和相互作用。一方面，农业产业链的构建和整合是农业产业化的前提基础，农业产业化经营要求把生产、加工、销售各个分散和独立的环节纳入一体化的生产经营体系，是基于这些环节之间客观存在着的联系，若环节之间本身毫无联系，不具备供需关系，则一体化成为无本之木。另一方面，实施农业产业化经营，可以克服有些产业链松散和脆弱的状态，促使农业产业链稳定和规范，确保农业产业链各环节主体的价值创造和利益分配得以实现，并能拉长和拓展农业产业链，使农业产业链质量、功能得以增强。

其次，从产业融合的角度看，不管是农业产业化经营还是农业产业链整合，都要求打破传统的将农业生产经营相关部门和农业产业空间纵向分割、人为切断的生产经营模式和体制，按照市场化的要求，在农业分工和专业化经营的基础上，推进一、二、三次产业之间的延伸、渗透和交叉，以产业融合的发展理念和模式重塑农业产业体系。产业分工和产业协作、专业化经济和产业融合的复合效益，构成农业产业化经营和农业产业链整合的共同逻辑。

第三节　现代农业产业体系的纵深深化

（1）农业产业链构建是以产业融合推进现代农业发展的具体路径

产业融合作为现代产业发展的一种趋势和特点，赋予农业产业化经营新的内涵和发展理念。但是，农业产业融合的内涵和理念最终要落实在微观主体的生产经营实践之中，产业融合发展模式不仅是独立的生产经营主体自身价值链创新的一种方式，更是不同经济主体之间就最终农产品和服务所经历的价值增值的全过程活动所达成的系统协调和整合。在农业生产经营管理的实践中，农业的产业融合发展过程就是农业产业链的整合过程，即：围绕特定的农产品或服务项目，把农业生产资料供应、农业生产、加工、储运、销售等环节链接成一个有机的整体，并实现不同环节上的经济主体之间的人力、物资、信息、技术等要素的组织和协调。农业产业链的整合过程，体现着产业融合的基本要求和本质特征，是农业产业融合在农业生产经营管理体制方面的具体体现，农业产业链是农业产业融合的微观载体。

（2）农业产业链的整合与现代农业产业体系的纵深扩展

农业产业体系的纵向深化，是农业内部各产业、产品在经营过程中围绕价值创造和实现的全过程而展开的纵向分工深化和协作整合的过程，与农业产业体系的横向（幅度）扩展相比，农业产业体系的纵向深化强调的是农业生产经营管理体制和管理方法的创新。

我国农业产业化经营中的农工商"一体化"经营模式就是农业产业链的最初形式。随着农业产业化经营战略的成熟和市场经济条件的完备，农业产业链整合对促进现代农业建设的意义和作用更加突出和清晰。农业产业化经营的形式，从最初强调以规模化、组织化方式进入市场和农工商利益公平分配的纵向一体化，发展到现在的内部一体化和市场专业化相结合、横向一体化和纵向一体化相结合、区域一体化和优势资源跨区域一体化相结合，反映了农业产业化发展从低级到高级的发展历程和市场化的不断成熟，顺应了现代农业从单点式经营战略转变到网络化多点式经营战略的发展潮流，更是反映了现代农业产业体系的运营机制不断完善的发展过程。

第四节　农业产业链整合

一　农业产业链整合是拓展化意义上的产业融合

产业链的整合与分化实际上就是一个分工演化的过程。严格来讲，整合意味着一体化，当产业链上的一个厂商能够（直接或间接地）控制另一个厂商的决策，即存在着某种程度的整合。从这个意义上讲，农业产业化经营所强调的"一体化"即具有农业产业链整合的性质。

本书所说的产业链整合，是从更宽泛的管理学角度来定义的，不但包括组织、产权意义上的"一体化"，还包括农业产业链的构建、延伸、管理、组织结构等内容。从产业效率的角度看，农业产业链整合包括了农业产业链延伸扩展、农业产业链风险管理、农业产业链升级优化。从协调分工的角度看，农业产业链整合包括了农业产业链组织形式选择和组织结构的调整，农业产业链整合既具有管理技术创新的性质，也具有组织制度创新的意义。农业产业链整合以农业产业链管理为基础,是从微观经营层次上对产业分工的组织化协调,是拓展化意义上的产业融合。

二 农业产业链整合的特点

产业链整合的重要任务就是构建合适的组织形式,以实现产业链的价值创造和实现。根据分工方式、形态、关联方式、整合方式和主体的不同,可以将产业链分为传统产业链和模块化产业链。农业产业链主要是围绕有形的实物产品(还有一部分是无形的服务产品,比如农业旅游)的生产经营全过程而形成的组织网链,因而农业产业链是比较典型的传统产业链(表6-2)。

表6-2   农业产业链的特征描述

属 性	特征描述
产业链分工	基于产品的工艺分工
产业链形态	纵向产业关联
产业链关联方式	有形产品关联
产业链整合方式	资产关联式整合
产业链整合主体	资本实力者

资料来源:王凯、颜加勇:《中国农业产业链的组织形式研究》,《现代经济探讨》2004年第11期。

需要注意的是,农业产业链不但具有和工业制造业产业链不同的产品属性,而且具有不同的组织特点:我国的农业产业链是在家庭联产承包责任制的基础上,通过非农产业的带动和市场引导,产前、产中和产后的各环节的有效联结而成;如何实现大量、小规模、分散生产的农户与涉农工商企业的有效对接,不但成为农业产业链组织方式选择的关键所在,而且成为整个农业产业链经济效益的关键所在。因此,在具有线性投入和产出关联的农业产业链中,具有整合作用的主体,既可以是资本实力者,也可以是能够实现大量小规模农户和工商企业有效对接、从而降低产业链交易费用的中介组织、专业市场和其他关联部门。

三　我国农业产业链整合的不同方式

我国农业产业链具有灵活多样的组织形式和运行机制。由于中国农业家庭经营的分散性特点，在农业产业链构建过程中实现生产链条的"小农户"和加工、销售链条的工商企业的有效对接，就成为中国农业产业链整合的主要内容。因此，按照运行过程中对整个农业产业链具有整合、组织作用的主体的不同，可以将我国农业产业链的整合方式分为以下四种。

第一，"龙头"企业整合型农业产业链。在这种形式的农业产业链中，农产品加工、运销企业（即龙头企业），围绕一种或几种产品的生产和销售来整合农业产业链中的物资、技术、信息、人力等资源，通过与生产基地和农户的有机联合，形成"风险共担，利益共享"的产业链组织。在这种整合方式中，作为相互独立的经济主体，公司与农户之间最主要和最普遍的联结方式是合同（契约）。"龙头"企业与生产基地、村或农户签订产销合同，规定签约双方的责权利：企业对基地和农户具有明确的扶持政策，提供全过程服务，设立产品最低保护价并保证优先收购；农户按合同规定定时定量向企业交售优质产品，由"龙头"企业加工，出售制成品。这种整合方式下的农业产业链能够实现市场价格机制和非市场的组织机制相结合，利益分配比较灵活，组织成本低；有利于通过工商业的"龙头"公司向农业引入资金和现代技术要素。在产业发展不稳定、市场风险较高的阶段，"龙头"企业整合型农业产业链具有较大的适应性。

然而，从实践看，在这种整合方式下，由于龙头企业直接与小规模、分散化的农户之间进行交易，交易契约约束的脆弱性和协调上的困难性就成为这种整合方式下的产业链的内在缺陷。具体而言：一方面，当市场价格高于双方在契约中事先规定的价格时，农户存在着把农副产品转售给市场的强烈动机；反之，在市场价格低于契约价格时，龙头企业则更倾向于违约弃约而从市场上进行收购。正是双方的这种机会主义行为的存在使这种产业链的组织形式极其不稳定。另一方面，这种组织方式虽然在某种程度上解决了农产品的卖难问题，但农民总体上处于交易的不利地位：农民所生产的农产品处于完全竞争的市场地位，而龙头企业却处于买方垄断的市场地位，农产品是否实现价值仍主要取决于龙头企业的行为，农户只是一次性将初级产品卖断给龙头企业，仅仅得到微薄的初级产品生产的利润却无法和"龙头"企业结成真正的利益共同体，因此这种整合方式下的农业产业链只能归类于松散型的农业产业链组织。

第二，中介组织整合型农业产业链。在这种整合方式下，对农业产业链的运转起关键作用的是各种社会合作经济组织、专业合作经济组织、供销合作社等中介组织。其具体的整合方式为：各种中介组织一方面带动农户从事专业生产，为农户提供产前、产中、产后服务；另一方面或者为外部的龙头企业提供收购、粗加工等服务，将生产、加工、销售有机结合，或者通过股份制经济组织的形式带领农户进入农产品加工、销售领域，将一、二、三产业有机结合起来实施一体化经营，使农业真正分享到平均的产业利润。各种中介组织对农产品生产链条和加工链条的对接和整合，有效降低了农户、企业之间的交易费用，从而使整个产业链的联结程度更为紧密，利益分配更趋合理。中介组织整合下的农业产业链中，一方面龙头企业与中介组织之间的利益关系是通过合同等方式联结的，龙头企业委托中介组织收购农产品，并支付其一定佣金，或根据合同，中介组织负责收购农产品，龙头企业按其收购数量给予一定的提成；另一方面，中介组织与农户之间的经济利益是通过组织章程及合同联结起来的，中介组织不以营利为目的，其收入在扣除自身组织的积累以外，还按成员的交易额返回给成员一定利润，或按合作组织成员入社的股金，进行"分红"。这种利益分配机制有助于保护农户的利益，使广大农户组织起来，进行规模生产。由于农民专业协会和各种专业合作经济组织等中介组织在农业产业链整合中显示了保护农民利益的特有优势，因此中介组织整合型农业产业链已经或正在成为我国农业产业链的主要组织形式。

第三，专业市场整合型农业产业链。专业市场整合型农业产业链是一种以专业市场或专业交易中心为依托，根据农业生产的区位优势，发展传统产业，形成区域性主导产品，建立农产品批发市场，沟通产销联系的"市场＋基地＋农户"型的农业产业链组织形式。这种整合形式的特点是，农产品生产链条、农产品加工链条、农产品营销链条之间的联结关系相当松散，它们之间没有成文的合同约束，互相之间交换活动完全是靠市场联结起来的，相互之间的经济利益分配也完全依赖于市场机制。由于生产、加工等产业链条之间的联结方式完全通过市场的"背对背"方式进行，因此无法直接体现出农业产业化经营所强调的"风险共担"和"利益共享"的原则，所以专业市场整合型农业产业链被普遍认为是一种产业化的低级形式，没有成为我国农业产业链整合的主流形式。但是，由于这种整合方式能够使产业链各环节之间真正通过市场化的交换来随时调整价格信号，市场充分发挥纠正和引导市场主体经营行为的作用，实现资源在农户和企业之间的最优化配置而提高产业竞争力，所以在美国、欧盟等发达国家，农业交易量的60%以上是通过市场交易完成的。我国农业产业链构建处于初期发展阶段，"龙头"企业往往被认为就是农产品加工、销售企业，专业化市场的作用还没有得到充分重视。实际上，由于农产品的鲜活特点，专业化市场也可以发挥"龙头"企业对生产经营各环节的联结作用而成为农业产业链整合的主体。随着市场制度和市场设施的完善，由专业市场整合的农业产业链，可以跨越区域市场的限制，在全国乃至全球范围内优化配置资源。专业市场整合下的农业产业链的稳定发展、整体效率的优化和竞争力的提高，从长期来看同样可以达到产业链各环节之间的"风险共担"和"利益共享"。

　　第四，科技服务企业整合型农业产业链。与专业市场整合下的农业产业链相似，为农业生产、加工经营服务的科研单位也可以作为"龙头"企业对农业产业链进行系统整合。这种整合方式下，科研机构、科技服务公司等部门以先进科学技术的推广应用为核心，组成整合农产品生产、加工、营销链条的一体化农业产业链组织。在这种整合方式下，利益的主体是科研单位与农户两方面。其具体的组织整合和利益分配方式可以采用松散的服务合同形式，也可以采用比较紧密的股份公司、包购包销等形式：其一，科研机构为农户提供生产全过程的各种技术服务，农户支付服务费，按次收付，或是按产量提取一定比例。科研单位对农业产业链的整合集中表现在技术服务对农业生产的支撑作用中。其二，科研单位提供技术服务、以科技入股，形成股份公司，按股分成。其三，科研单位以良种、技术等入股，农户以土地、劳动力、资金等入股，形成股份公司，收入按股份分配。其四，规模化生产，包购包销。即科研单位提供良种、技术指导，农户生产出的农产品达到技术要求的，科技单位按保护价包购、包销。科技服务单位整合下的农业产业链直接推动了农业科学技术的应用和推广，在提升农业产业链整体效率和竞争力方面发挥着更基础的作用，是农业产业链构建和整合的一种发展方向。

农业产业链整体效率的提高依赖于农业产业链的扩展和深化，但是在农业产业链的扩展和深化过程中，人们更关注的是初级产品生产之后的加工、销售等高附加值的后续环节的延伸和技术提升，而整个农业产业链各个环节之间却存在着较大的技术水平差异。作为整个农业产业链基础的农业产中环节的生产方式仍以传统技术为主，种子（种畜）的改良较为缓慢，低水平的农业生产率和农产品质量不能适应后续加工部门的需求，影响和制约了整体产业链资源转换效率。由科技服务单位整合的农业产业链，可以充分发挥科技进步对传统农业生产方式、传统农业结构优化和升级作用，是促进科学技术转化为现实生产力和经济效益的具体途径和方法。

第五节　农业产业链优化

一　农业产业链优化的含义和目标

产业链是围绕商品价值创造和实现的各个生产经营环节组成的跨产业、跨部门的网络组织，并伴随着经济技术进步和市场需求的变化而处于不断的运动和变化之中，这种运动和变化会导致产业链由低级形态向高级形态转变，由不协调向协调转变，由低效率向高效率转变，这就是产业链优化。由于产业链是基于产业关联而形成的生产经营网络，因此产业链优化的目标就是使产业链的价值结构更加合理有效，产业环节之间的联系更加紧密协调，进而不断提高产业链的运行效率和经济效益。

随着经济的发展和消费结构的不断变化，市场对各类农业产品的需求也呈现多维性、复杂性和可变性，由此决定了农业产业链系统内的各个产业环节和生产经营主体必须不断调整自身经济行为，即农业产业链必须对市场需求作出适应性动态调整。这些调整包括产业链环节的增删（主要是农产品加工环节的增加），产业链整合方式的变化以及产业链的空间、区域分布的变更等。农业产业链优化即是要以这种动态调整为基础，使整个产业链向协调、有序和高效转化。具体说，农业产业链优化的目标就是使农业资源更加充分有效利用，农业产前、产中部门与相关的后续产业的衔接更加紧密，链中物流和信息流更加通畅，农产品得以最大限度增值并使得农业部门分享产业链最终收益。农业产业链的优化不但具有扩展农业产业空间、增加农民就业和收入、提高农业产业利润的增值效应，而且是提高农业产业体系竞争力的重要途径①。

二　农业产业链优化原则

农业产业链是产业链中特殊的一类，农业产业链的优化既要遵循产业链优化的一般原则，又必须符合农业的产业属性和农业发展的一般要求和规律。根据我国农业的发展水平和生产经营特点，农业产业链的优化不但要注重产业链整体效率的提升，还必须有利于农业产业地位的提升。

首先，农业的弱质性和农业的基础性地位要求农业产业链的优化必须要对农业进行适当保护。发达国家农业现代化的历程表明，在经济发展到一定阶段以后，对农业实行保护性政策是维护农业的基础性地位和实现社会公平的必然要求。

其次，我国农业生产经营的特殊性需要在农业产业链的优化升级过程中对农户进行一定的扶持。农业生产者是成千上万的个体农户，小规模分散生产经营的特点，使农业一方面面临着竞争的农产品供应市场，另一方面却面临着非竞争的农业生产资料市场。在农业产业链中，农业生产者的弱势地位具体表现为：农产品加工部门特别是精深加工等大型企业由于其资本、技术和规模优势而处于支配地位，作为初级原料生产者如果没有必要的保护和支持，他们很难享受到产业链的增值。

_____

① 赵绪福：《农业产业链优化的内涵、途径和原则》，《中南民族大学学报》2006 年第 7 期。

最后，农业初级产品的生产是整个农业产业链的基础。整个农业产业链是通过对农业原料的深度加工而实现价值增值的，原料产业是产业链的基础，原料产业的生产效率和产品质量的提高才能保障下游产业链条的发展；保障稳定的、高质量、多品种的原料供应，是产业链优化的初始条件。

三　农业产业链优化途径

（1）农业产业链各环节的增值效应分析

产业链的优化目标是通过产业链结构调整和价值管理协同来提高整个产业链的竞争力，提高产业链的运行效率和经济效益。产业链整体的价值创造能力是产业链上每个组成链条的价值创造能力的集合，但是处于不同区段的产业链条的附加值水平和增值能力是不均衡的，为了优化整个价值链的价值创造和价值实现能力，就必须对产业链上不同环节的价值创造能力和潜力进行分析和识别。

"微笑曲线"的模型揭示了产品附加值按照制造工序的流程而不同的趋势和特点，即产业价值链的附加值呈现上游下游两端较高而中游较低的现象。根据"微笑曲线"的原理，可以将农业产业链表述为战略规划、新技术研发、生产、加工、物流、营销和品牌六个增值环节组成的链状结构，即U形价值链，如图6-2所示。

图6-2中纵轴表示横轴各环节对应的附加价值的大小。U形线两边向上伸展，意为通过新技术研发、品牌培育等增值行为，农产品的总附加值得以提升。

（2）农业产业链的外延式优化

从农业产业链的最初环节开始，每向前推进一个环节，便会产生该环节的附加价值。这样直到该产业链的所有环节完成，各环节的附加价值累加起来，便形成这条产业链的总附加价值。农业产业链的优化以提高整个产业链的总附加值和经济效益为中心，因此，通过增加农业产业链的环节数、延长整个农业产业链的长度来增加整个产业链的附加值就成为外延型农业产业链优化方式。外延式农业产业链优化提高农业附加值的原理如图6-3所示。

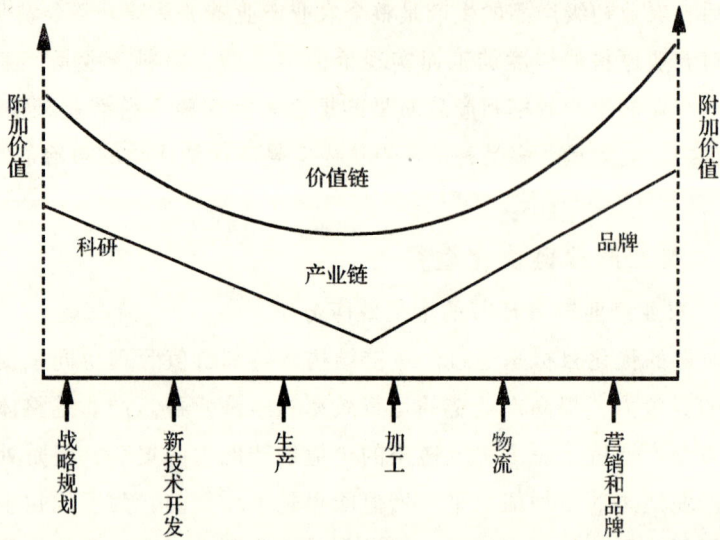

图 6 - 2 农业产业链和 U 形价值链

资料来源：桂寿平：《农业产业链和 U 形价值链协同管理探讨》，《改革与战略》2006 年第 10 期。

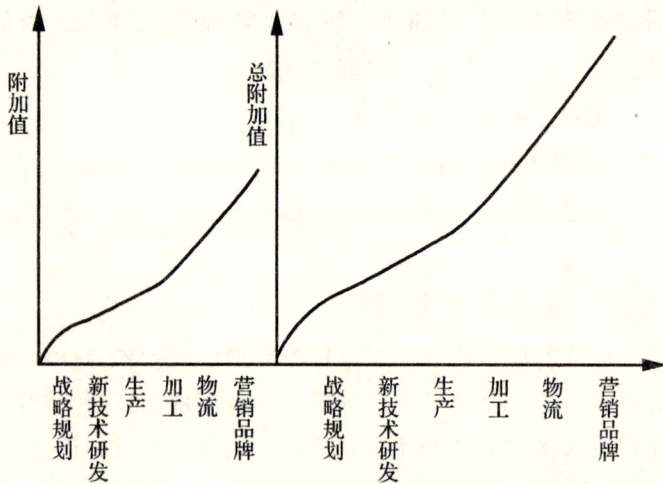

图 6 - 3 农业产业链外延式优化前后的附加值对比

资料来源：桂寿平：《农业产业链和 U 形价值链协同管理探讨》，《改革与战略》2006 年第 10 期。

图6-3中左边纵轴对应的是原农业产业链的附加值，右边纵轴对应的是农业产业链外延式优化之后的附加值。优化之后整个农业产业链总附加值的提高，是源于原有农业产业链的产业环节数增加或产业环节拉长（产业链机制曲线斜率不变），这种农业产业链的外延式扩展的实质是农业产业链的拉长，是生产迂回程度的提高，具有分工和专业化报酬递增性质。

和发达国家成熟、高效、现代化的农业产业链结构相比，我国农业产业链的突出特点就是简单、低效率和低加工度。从生产环节来看，我国农业的科技水平较低，能够大幅度提高农业产出效率的良种研发、高效农药、化肥等产前、产中环节不能纳入农业产业链的整体系统中。从加工环节来看，农产品的多级、综合、深度加工开发是农业产业链增值的关键环节，我国农产品的低加工度严重制约了农业产业链的整体增值效应。以小麦产业链为例，有调查数据显示，把小麦加工成面粉增值为原始值的1.2倍，加工成挂面增值到2.4倍，制成方便面增值到4.8倍，加工成锅巴增值到5.2倍，加工成饼干增值到5.9倍①。发达国家的农产品加工产品的研制开发呈现系列化、综合化趋势，为了适应消费的多层次和多样化，一种农产品可开发出数百种甚至数千种不同类型、不同用途的加工产品，极大提高了农业产业链增值能力。2004年我国农产品加工业产值与农产品产值之比为0.72∶1。目前，我国农产品加工率大约为30%左右。而发达国家的农产品加工率一般为80%左右，加工业产值与农产品产值之比一般为2—3.5∶1。根据一些地区的资料，2002年河北省农产品加工产值与农业产值之比为0.55∶1，江苏为1.68∶1；2004年黑龙江省提出，要将农产品加工产值与农业产值之比由0.57∶1提升到1.5∶1。这些数据既表明在农产品加工增值方面我们与发达国家的差距，也意味着在扩展农业产业链条、提高产业链价值增值方面我们存在巨大的发展空间②。

（3）农业产业链的内涵式优化

相对于农业产业链的外延式优化，农业产业链的内涵式优化是指产业

---

① 何伟：《关于农业发展战略的几个问题》，《理论视野》2003年第1期。
② 张晓山：《创新农业基本经营制度，发展现代农业》，《经济纵横》2007年第1期。

链整体素质的提高，即产业链的各环节向高技术化、高知识化、高资本密集化和高附加价值化的演进，即农业产业链的提升，也是产业结构高度化在产业链优化中的体现。如果说农业产业链的外延式优化是在原有技术水平和产业效率的基础上水平扩展农业产业链的长度，从而得到外延式的产业链附加值增加，则农业产业链的内涵式优化就是通过提高原有产业链各环节的价值创造能力而得到内涵式的产业链附加值增加。效率提高和技术进步是农业产业链内涵式提升的关键。如图6-4所示。

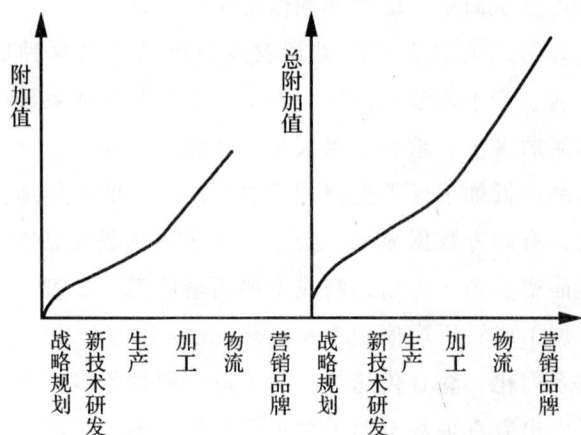

图6-4　农业产业链内涵式优化前后的附加值对比

资料来源：桂寿平：《农业产业链和U形价值链协同管理探讨》，《改革与战略》2006年第10期。

　　图6-4中，左边纵轴对应的是原农业产业链的附加值，右边纵轴对应的是农业产业链内涵式优化之后的附加值。优化之后整个农业产业链总附加值的提高，是源于农业产业链价值曲线斜率的增加，即农业产业链整体效率和效益的提高。农业产业链的内涵式优化对于提高产业链的竞争力至为关键，这一优化内容既不同于产业链的延伸（环节多少或路线长短），也不同于产业链的协同（环节之间的连接合作、协调合理），而是各个链环的知识含量、技术层次、资本密集程度和附加价值水平的整体提高，其中尤以技术素质至为重要。从这个意义上讲，农业产业链的内涵式优化是农业生产力整体提升的结果，是现代科学技术和管理技术在与农业

关联的各个产业领域普遍应用的结果。目前，我国的农业产业链中，各个环节的技术层次不平衡。一方面，环节之间的技术水平存在较大差异。农业技术进步贡献率较低，农业初级产品的质量和数量不能适应后续加工部门的需求，直接影响和制约了产业链的整体效益；另一方面，农业产业链各个环节与现代化要求相比较都还需要不断提升。即使在技术程度相对较高的农产品加工部门，我国总体技术装备水平和综合开发加工能力与世界先进国家相比也有较大的差距。因此，需要依靠科技进步和生产社会化程度的提高，全面提升产业链作为资源转换器的效能和效率。

值得注意的是，农业产业链的优化是一个综合的、系统的效率和效益改进过程，外延式产业链优化和内涵式产业链优化的相互联系共同推进了农业产业链竞争力的提高。农业产业链的延伸扩展和农业产业链的内涵提高的相互联系表现在：农业产业链的延伸是农业产业链提升的基础，农业产业链中任何环节的技术和管理改进，都是以整体产业链既定的结构、长度、相互联结的方式为基础和出发点的，任何产业链环节的效率改进都必须与其前向环节、后向环节的价值创造相适应，农业产业链外延式扩展的程度和范围决定了农业产业链内涵式提升所能采用的方式和所能达到的效果。同样，农业产业链的技术和效率改进总是和农业产业链的延伸扩展相伴随。随着技术、知识、资本在产业链运营中的密集化，创造价值的环节会随着资本的深化而进一步实现专业化，从而成为新的产业链分工和产业链整体延伸的起点。农业产业链的外延式优化和农业产业链的内涵式优化的相互关系是资本的深化和广化的反映。

第七章　现代农业服务模式建构

第一节　现代农业服务内涵界定与特征

如何解决家庭经营条件下的小生产与大市场之间的矛盾？实践证明，建立健全现代农业服务体系是一个有效途径。通过现代农业服务，按照产业链的要求，将农业产业链一头向市场延伸，一头向农户延伸，把分散的农户集结起来，有序地进行某项专业化生产，面向国内外市场，可以有力地促进家庭经营活动与社会化生产整体效应的和谐统一。通过现代农业服务实现农产品的多次转化增值，能够有效推动农业经济增长方式的转变。

在农业产业分化的同时，农业与服务业的经济联系越来越密切，相互依赖越来越强。一方面，农业已从独立的生产部门变成了一个离开现代服务业便不能独立存在的经济部门。服务业提供的各种产品、技术和劳动越来越渗透到农业生产过程的各个阶段和各个环节。

农业服务包括农、林、牧、渔，涵盖农业的产前、产中、产后服务，农业服务与一般服务业的区别在于它围绕农业展开各种活动。服务的对象是农业和农业生产者，向农业和农业生产者提供信息、科技、经营、流通以及农资、农机、供销、气象、加工、水利、植保、收割、水产等专业化服务。现代农业服务一般是指在传统农业服务基础上发展起来的，与市场机制、高新技术和信息平台相适应的新型农业服务业。与传统农业服务业相比，现代农业服务具有以下三个基本特征：

（1）服务主体多元化。现代农业服务业主体打破了单纯依托政府机构成立的所谓"七所八站"，逐步走向多元化和社会化，形成多经济成分、多渠道、多形式、多层次的服务主体结构和服务体系。

（2）服务内容系统化。现代农业服务为农业生产和经营所提供的服务是综合化和系列化的，包括农业科学技术服务、良种繁育及供应服务、农机服务、病虫害防治服务、资金信息服务、农产品加工包装、储运销售等方面服务内容。在服务范围上涉及农业生产的各个方面，凡是农户在农业生产与经营过程中所需要的任何服务都可以从中得到满足。从农业生产过程来看，延伸到农业再生产的每一个过程和每一环节，是进行产前、产中和产后全过程服务。

（3）服务机制市场化。除政府提供的公共服务之外，按照市场机制和有偿服务运作。服务贡献率较高，农民通过现代农业服务进入农业产业链的高端，提高了农产品的服务价值，从而使农民共享农业价值链利润。

第二节　现代农业服务体系

一　农业信息服务体系

信息是现代社会中人们常见的一个概念，其使用渗入了现代社会中的各个领域。人们根据信息在各个领域中的作用，对信息作出了各自的解释。我们这里所指的信息是消息、情报、知识、资料的总称，即通过某种方式可以被传递、传播、传达，可以被感受的声音、图像、文件、图表特征，并以某些特定的事实、主题或事件相联系的消息、情报、知识。农业经济信息是指农业经济现象或经济活动的运动状态以及它们之间的相互联系、相互作用所表达或交换的内容，是对农业一切经济活动及其属性的客观描述，是经济活动中多种发展变化的真实反映。从宽泛的意义上说，现代农业经济信息的主要内容包括：党和政府各项有关经济政策，国家重要农业计划及战略措施，有关产业结构的调整及商品生产发展状况，有关市场供求变化状况，特别是农产品市场、农用生产资料、农村的资金、劳务、技术等生产要素的市场供求状况，有关新技术、新设备、科研成果的应用情况，农村经济管理动态，专业户、重点户、联合体的致富经验，横向经济联合动态，有关满足农村消费需要的各种消费品生产销售状况。

　　农业经济信息服务就是根据系统工程的原理，密切农业经济各领域、各部门之间的联系，通过采用电脑网络、数据等先进技术，把零星、分散的信息系统化、条理化，并与预测工作结合起来，全面开展信息管理，为农村经济各领域、各层次、各部门提供宏观与微观的经济信息，为农民产前、产中、产后各个环节提供有效的决策依据。

二　农业科技服务体系

　　农业科技服务体系是指由服务农业生产的各行会、部门、组织、集团等组成，旨在通过研发农业生产新科技，并使之转化为现实生产力的农业科技服务综合系统。农业科技服务是现代农业服务的重要组成部分，农业科技服务整体水平是影响现代农业服务乃至整个农业及国民经济发展的关键因素。

　　现代农业科技服务功能是指服务组织研究、传播和推广农业科技，使之融入农业的直接生产过程，以改进农业生产技术状况，发展现实的农村生产力。第一，用先进的农业技术和科学的管理办法，改革农业劳动手段和劳动对象，努力提高土地利用率、劳动生产率，从而促进收入增长；第二，丰富劳动者的知识技能，提高劳动者运用科技、发展科技的能力；第三，改善和提高农业物质装备的效能，充分发挥农机、良种、水电、运输等农业装备的作用，实现农业生产的优质、高效、低耗；第四，依靠科技进步，能改变农业生产要素的稀缺性，突破资源瓶颈，实现资源的有效替换，推进农业和农村经济结构战略性调整，拓宽农业的发展领域，向前和向后延伸产业链，促进农产品加工增值转化，通过建立利益共享，风险共担的经济共同体，实现农业生产的社会化、专业化和一体化；第五，通过科技创新可以降低成本，提高质量，增加农产品的竞争力，提高农产品的投资收益率，不断促进农民增收。

以上五方面的科技服务功能在社会服务体系中构成两大系统，一是由技术和智力组合而成的科技软件服务系统，二是由装备和设施相加而成的科技硬件服务系统。科技软件服务系统是科技硬件服务系统的灵魂，科技硬件服务系统是科技软件服务系统的载体，科技软件服务系统和科技硬件服务系统的综合运转，发挥着科技服务于农业的功能。

三 农产品流通服务体系

流通服务功能是指各种流通性的服务组织在社会产品从生产领域进入消费领域（包括生产消费和个人生活消费）所经历的全部过程中为农业生产提供物资供应和农产品销售服务。根据马克思对商品生产的描述，我们知道，在市场经济条件下，农业生产也包括三个阶段：购买阶段、生产阶段、售卖阶段，用公式表示就是：G—W—P—W'—G'。在这三层回流的公式中，前后两个回流 G—W 和 W'—G' 都属流通范畴。农业服务就起着保证这两个回流顺利进行，促进整个再生产过程正常周转的作用。从再生产的时序来看，流通服务功能主要表现在两个方面：一是农业生产资料供应服务。在 G—W 阶段中，主体向客体提供化肥、农药、农膜、农机、柴油、种子等农业生产资料，为农业生产的开始准备物质条件，二是农产品流通服务。围绕农产品离开生产领域进入消费领域，主体所进行的收购、存储、运输和销售服务，使农产品的价值得以保持、增值和补偿。

四 农业金融服务体系

农业金融保险服务体系是为发展农村经济来筹集管理资金、抵抗农业风险、执行经济补偿职能的机构所构成的有机整体。金融服务功能是通过直接服务和支持服务两条渠道来实现的。所谓直接服务渠道，就是金融部门通过发放农业信贷对直接生产过程中的农业生产经营者进行服务。直接服务的内容是适应农业发展的要求，努力组织和挖掘农业资金的来源，逐步增加农业信贷投入，保证农业信贷在信贷总量中的稳定增长，按照农民的实际需要，调整农业信贷结构，加强农业信贷管理。所谓支持服务渠道，就是金融部门通过支持农业服务主体，壮大支农部门或者组织的实力，从而实现服务农业的最终目的。支持服务的对象包括农业的科技组织、流通组织、各类专业性农业社会化服务组织。支持服务虽然具有间接性，但服务的最终对象实际上还是农业生产经营者。

第三节　发达国家农业服务模式分析

一　"政府＋农户"服务模式

政府直接或间接介入农业服务市场，综合运用经济、行政和立法政策，充分发挥服务供给主体作用，通过为农业和农业生产经营者提供广泛服务，引导和促进农业发展。某种意义上说，"政府＋农户"模式是一种政府主导的农业服务模式，这种服务模式具有三个主要特点：

首先，服务体系的完整性。政府借助于自身的行政力量和行政结构系统，使得这种服务模式具有健全的体系，自上而下并且运转无阻隔。例如美国，美国农业部合作推广局专门组织和指导农业技术推广工作，并建立了由推广局、州立农学院和县推广站组成的"三位一体"的综合科技推广体系。在德国，政府设有农业咨询员制度，咨询员是政府官员，负责指导农民制定生产规划，采用新技术，交流技术和管理经验等。在澳大利亚，政府采取多种措施发展农牧业科技研究、推广和教育工作。农牧业科研工作主要由"联邦科工组织"、各州农业系统的科研机构和高等院校分别承担。

其次，是服务内容的广泛性。政府提供的农业服务基本覆盖了农业的全过程，包括农业科技服务、农业金融服务、农产品流通服务、基础设施建设服务、农业风险管理服务、农产品质量安全服务等①。

再次，是农户获得服务的低成本性。在"政府＋农户"的服务模式中，由于政府承担了大部分的服务支出，农户获得服务在大多数情况下免费或低成本。这种情况充分显示了政府关注和支持农业发展的政策性导向。

当然，在市场经济的条件下，完全的政府主导模式也必然地具有某种程度的行政性，使得这种模式在某些时候和某些情况下，显得难以适应农业生产的实际情况。例如，在信息不对称的情况下，政府往往就难以获得农户服务需求的真实信息，这很有可能导致政府服务决策的错误。另一方面，由于政府支付了大部分的服务费用，农户获得服务往往是低成本甚至无成本，在监督机制不健全或激励不足的情况下，这种"免费乘车"往往容易诱导农户的机会主义行为，从而陷入自我服务不足的陷阱。例如，在由政府无偿提供基础设施建设服务的机制中，如果监督或激励不足，一个显然的结果是：农户对公共基础设施掠夺性抢用。因此，政府主导的服务模式需要完善监督与激励机制。

二 "公司＋农户"服务模式

发达的市场经济国经济，私人企业始终占有主导地位。为农业提供购销加工以及产中服务的私人公司，构成这些国家现代农业服务体系中的重要组成部分。这些私人农业服务公司，包括独立经营的家庭企业、合伙企业和股份公司等，其服务范围几乎涉及农业生产经营的所有领域。尤其值得重视的是，为农业提供服务的这些私人公司，不仅在农业生产的组织、协调中发挥着重要作用，而且及时客观地反映市场运行情况，成为调节农业产品结构和组织生产的"指示器"。

"公司＋农户"的服务模式，遵循市场经济的基本原则，充分体现了

---

① 各国政府部门对农业的金融服务主要表现在两个方面：一是政府部门对农业生产进行直接资金投入或资助、补贴等。二是政府部门对农业提供的信贷服务。例如在法国，政府就常以免税和津贴方式对农民购买生产资料、特别是购买农机具给予资助，以津贴和贷款方式，对农民进行的水利、道路、电气化和土地整治等农村基本建设工程给予资助。这些政策缓解了农民在农业扩大再生产中的资金困难。实际上，几乎在所有发达国家都有政府或由政府支持的信贷机构向农民提供低息的信贷服务和信贷保证服务。

公司作为主体的地位和作用，代表了市场经济条件下现代农业服务模式的方向。这一模式具有以下三个主要特点：

第一，体现了市场经济条件下现代农业服务的契约性。很显然，在这个模式中，公司作为主导和核心，必须能够代表广大农户的利益。因为什么呢？因为农户以契约的形式，将自己（连同其自身的利益）都交给了公司。因此，作为公司自身必须规范运行，由此我们提出的一个问题是：公司"内生性"的治理与激励机制必须强有力建设。

第二，体现了市场经济条件下现代农业风险的可控性。我们的理解是：在现代经济条件下，单纯农户的弱势以及参与社会化分工的不足，决定了农户经营的高风险性。如何化解、减低、转移农户经营风险，不仅对农户经营效率形成约束，甚至对整个国家的农业生产综合能力形成约束。

第三，体现了市场经济条件下现代农业体系的融合性。现代农业的专业化、社会化和市场化，使农业生产过程由生产本身向产前和产后阶段延伸。参加农业生产的既有农业生产部门，也有农产品流通部门、为农业提供生产资料的部门、向农业提供科技支撑的部门、提供金融支持的金融机构以及直接从事农产品加工的经济主体等。农业生产过程由产前、产中和产后三个阶段组成，参加农业生产的所有这些部门，也可划分为农业产前部门、产中部门、产后部门。现代农业就是由这三个重要阶段和部门构成有机结合、协调发展、相互制约和促进的过程。

众所周知，美国的农业生产是建立在高度专业化基础上的，它是由生产地区专业化、农场经营专业化和生产工艺专业化三个层次构成，这使得农业相关的工商企业建立起稳定的契约关系，从而形成以农业生产为中心、由不同行业所组成的农产品供销一体化体系，为农业提供生产和经营方面的各种服务。美国农业服务体系中的私人服务系统包括了产前、产后和产中服务的绝大部分，甚至还提供某些教育、科研和推广方面的服务①。

---

① 这一系统分别通过向后一体化，主要是与农用物资供应商与农场主的结合，而前向一体化发挥得尤为突出。美国农业的私人服务系统，在客观上适应了生产力发展和生产社会化的要求。因此，对美国农业经营管理方式的变革，在推动产业结构高级化、提高农民收入等方面均起了重大的作用。

三　"合作社+农户"服务模式

合作社比公司更能够代表广大农户的利益，因为，在这种模式下，农户与合作社建立了共生性的关系机制，某种情况下，农户甚至自己就直接成为合作社的成员。可以说，"合作社+农户"的服务模式，在本质上是农户自己主导的服务模式。这一服务模式的特点是：

第一，合作性。合作化服务是合作经济在现代农业服务领域的具体实践。从世界范围来看，合作制是具有高度竞争力的体制，尽管现代西方发达国家的合作体制显示明显的差别化，但它们都具有组织结构健全、治理机制健全、管理民主、功能全面、服务广泛的特点。从制度功能的比较来看，其自我服务显示了良好促进作用。

第二，合作性与商业性的有效匹配。Benort Trembaly（加拿大蒙特利尔高等商学院资深教授）认为，现代合作体制存在两种基本形式：专业化的合作性；非专业化的商业性。由于竞争性经济和市场化趋势的影响，合作体制在面对竞争性经济的挑战时，其基本的功能将取决于其合作性与商业性的匹配机制。但是，不得不指出的是，这种匹配原则的实施程度经常遭遇来自三个方面的结构性变迁趋势的影响：一是20世纪80年代以来盛行起来的个人主义和功利主义原则对合作制原则的冲击，它们在一定程度上导致合作原则中团体价值观的削弱；二是准政府性质所形成的集体行为的困境对合作信誉的冲击，它们在很大程度上成为现代所谓"免费乘车"问题的根源；三是利益冲突对合作体制自身组织结构的制约。因此，合作服务效率在很多程度上取决于合作性与商业性的匹配机制。

（1）以美国农业合作服务模式为例

美国合作服务组织及架构分为政府和民间两个层次。从政府层次看，主要由合作推广服务处和农业合作服务司两个部门组成。一方面对现有农业合作社提供研究管理、信息服务及教育协作；另一方面帮助农民组建新合作社。从民间层次看，又可分为两类组织，一类是全国性或者区域性、专业性社会团体，一类是地方性、区域性、全国性或者国际性的合作社组织。如全美的农民合作社联合会主要从政治、经济的角度作为农业合作社的代言人，又如美国合作协会主要从事合作教育活动，地方性的合作组织则以其服务半径的辐射能力开展营销、供应、植保、金融等方面的小区域性服务。

在美国的农业服务体系中，合作社系统作为农民组织自己可以掌握的服务机构，它为农民提供的服务涉及各个领域，具有全方位的性质。按照美国农业部的分类，有生产合作社、销售合作社、购买供应合作社、服务合作社、信贷合作社等各种类型，这些合作服务组织各司其职①。

（2）以日本农协提供农业服务为例

日本是一个国土狭小而且多山的国家，农地面积仅有534万公顷，占国土面积的14.3%，农业生产经营活动主要是一家一户为单位的个体经营，经营规模较小。但日本的农业生产经营活动都显示着很强的组织性和整体性，并有很强的市场抗衡力，农业的生产和生活都有保障。除了日本政府对农业实行了一系列的保护政策外，日本农协服务组织向农民提供的产前、产中、产后服务也发挥了重要作用。日本农协就是把众多的农户联合起来进行相互帮助，以这种相互帮助的精神为基础，以不断提高农业生产力、增加农民收入为目的，为了进行合作事业活动而创建的组织。它是一种以金融事业为核心的信用经济组织、以相互扶助为宗旨的保护经济组织、以等价交换为原则的契约经济组织。

从现行体系机构来看，日本农协基本与政府行政组织机构相同，也由三级构成：一是以市、町、村作为经济区域，组织农民入股建立起来的基层农协；二是以都、道、府、县作为经济区域，由基层农协入股而组成的县级联合会；三是以全国作为经济区域，由基层农协和县联合会入股组成的全国协同组织。依据事业范围和业务内容不同，基层农协又分为综合农协和专业农协两类。综合农协是以农户为对象，经营与其成员生产和生活有关的几乎所有活动，包括生产指导、农产品销售、农业生产资料销售、

---

① 生产合作社是指合作进行农业生产的经济组织，销售合作社主要经营活动是为社员销售农产品，购买合作社主要是为社员购买、供应农用生产资料。美国的供销合作社极为发达，它们供应的农用物资占全国供应总额的20%，它们销售的农产品占全国销售总额的31%。

金融和保险事业等①。专业农协是以特定农产品生产为对象，分别办理有关畜产、养蚕、开垦、园艺特产和农村工业等特定部门或领域的专门业务。实际上，现代日本社会中，大多数农户既加入综合农协，又加入专业农协。

日本农协与其他合作经济组织明显不同，体现在"三位一体"特性上。既是合作经济组织，又是行政辅助机构、政治压力团体。日本农协作为日本政府的行政辅助机构，不仅参与日本农业政策的制定，而且承担着政府农业政策的落实执行责任。因此，农协又被称之为"准政府机构"。同时，日本农协还代表农民利益向政府施加压力。

第四节　中国现代农业服务模式建构

一　"政府＋农户"服务模式

"政有＋农户"服务模式是以国家的有关涉农政府部门服务为主的发展模式，向农业生产提供社会服务是政府的一项重要职责，是政府经济管理职能的重要体现。政府涉农部门的农业服务由两部分构成，其中最主要的是国家设在县、乡（镇）两级的各类事业单位，以及国家设在乡（镇）的所谓"七所八站"机构。这些服务部门是国家进行农业服务的主要载体。无论在计划经济时期还是在建立社会主义市场经济中，这些部门提供服务的基本职能没有改变，其服务对象的主体是农民，提供服务的特点是无偿或微利性的，提供服务的性质是社会化的②。

---

①　截至 2003 年底，日本共有综合农协 947 家，其中 37 家位于都市地带，155 家位于丘陵、山区地带，254 家位于都市附近的农村地带，471 家位于农村地带，拥有会员人数 910 万，其中正式会员 510.8 万，非正式会员 399.2 万。

②　其具体发展又可以分以下几种：一是以农业服务部门为核心，联合本地及周边乡镇的农户，按照"自愿、协作、互利"的原则组建而成，统一组织生产及销售活动，或单纯从事某一农产品的供销活动，这是较普遍的一种合作形式。二是农技服务部门利用在长期服务农民的过程中形成的良好信誉及群众基础，发挥场地、仓储、技术等优势，多渠道地吸纳本地一些经营意识强、市场信息灵、产品销路宽的种植大户参与，与广大农户结成利益共同体。

但是，不得不指出的是：由于政府对该种服务模式投入有限，造成了农村基层服务队伍不稳定，出现了农村基层服务机构"网破、线断、人散"的局面，农村基层服务机构基本处于瘫痪状态，造成了现有农业服务体系缺乏或不完整的局面。因此，仅就此类服务模式而言，我们面临着相当紧迫性的机构维持和功能提升问题。当然，政府已经注意到了这种情况。20 世纪 90 年代以来，随着社会主义市场经济体制的不断完善，政府在这方面已经做了大量卓有成效的工作。目前，境况已得到了巨大改善。

二　"公司＋农户"服务模式

在农业实行产业化经营的进程中，加工流通企业被喻为"产加销"，"农工贸"一体化经营的"龙头"。现代化的加工流通企业因其规模化生产，需要原料的批量生产、稳定供应。因此，公司（龙头企业）需要与农户合作，通过引导和扶持，帮助农户建立生产基地，公司（龙头企业）与农户通过合同契约的关系相联结。公司与农户之间直接签订互惠契约，规定公司向农户提供关键性的生产资料和产中服务，承诺产后回收部分或全部产品，有的还规定公司给予某种价格保证，农户则严格按照公司的要求进行生产，并保证按要求向公司提供全部或规定数量的合格产品①。

当然，公司（龙头企业）与农户通过合同联结的这种形式也有很大的不稳定性。当公司与农户之间缺乏利益的紧密结合时，就难以形成风险共担、利益共享的经营机制。

三　"合作经济组织＋农户"服务模式

"合作经济组织＋农户"模式是以各类合作经济组织服务为主的发展模式，是各类合作经济组织与小规模农户的有机结合。农村合作经济组

---

① 实际操作的程序是：农户按合同要求，以销定产，有计划地给农民下达种植计划，组织农产品收购和供应加工龙头企业。这种模式中，公司（龙头企业）与农户通过合同契约进行联结，一般按保护价收购的原则体现利益分配关系。即公司（龙头企业）与农民签订保护价收购合同。在保护价收购原则下，当产品市场价格低于保护价时，企业按保护价收购农户的农产品。这样，当市场价高时，农户的利益随之提高；当市场价低时，农户的利益也得到保护。

织，即各种类型的农业合作社、协会，是农民群众在自愿基础上通过联合而建立起来的组织，其宗旨是代表农民的利益，为农民服务。合作经济组织的服务内容以流通领域的生产要素供应与农产品加工、销售服务和生产过程中的科技服务为主。这种服务模式的特点：一是具有明显的合作社性质。农业合作社的经营宗旨就是为农民社员提供各种服务，而不是为了营利，而且在运行中遵循合作社特有的组织原则。因此，农业合作社为社员提供服务，实际上是社员通过合作社的形式进行自我服务。二是专业性强。农业合作社，特别是新兴的专业合作社和专业协会或研究会，多是由从事同类生产和经营的农民组织起来的。三是服务的生产项目主要是某些经济作物和养殖业，重点是产前和产后服务。随着农村市场经济的发展，这种服务模式有广阔的发展前景，将逐渐成为主要的农业服务模式。

四　"社区集体经济组织＋农户"服务模式

社区集体经济组织是一种以血缘或地缘为纽带，以集体所有土地和其他共有资产为边界的组织，它会聚了社会组织、合作组织和基层政权组织的交叉功能。这种组织功能决定了它在农业服务中的双重经营体制的作用。作为统一经营层次，承担着乡（镇）村范围内的管理协调、生产服务、资产积累和政府委托的某些政权职能。其中的生产服务业主要以产中服务为重点，包括机耕、播种、插秧、施肥、排灌、植保、收割等，同时进行农田水利建设等产前服务和贮存、运输、销售等产后服务。这些服务是在乡（镇）村范围内，由乡（镇）村集体经济组织面向农户所进行的服务，也有利用组织手段进行合作或有偿服务，具有集体统一服务的特征。这种服务模式适用农户土地规模小、商品率低等特点，是比较重要和普遍的一种服务形式，其服务的生产项目主要是种植业生产。

但是，这种服务模式也存在以下缺陷：一是农户规模扩大时，这种服务模式难以取得很好的效果；二是服务范围较窄，主要对农业产业链产中环节提供服务，不能延伸到产前和产后服务。

五　"市场 + 农户"服务模式

"市场 + 农户"模式中的"市场",并非一般所指的广义市场,而是指具体从事商品交换的场地,是狭义上的市场,这种市场一般是由场地或集散地的农村社区集体利用其公用土地建立起来的场地设施,目的是利用市场集散商品的效应,为当地村民提供一个农产品销售场所,也为村组集体建立一个出租摊位和收取管理费的创收窗口。在这种模式中,农户与市场之间通常不存在固定的产品产销合约关系,农户只是作为各自独立的客户参与市场交易活动,市场带给当地农户的经济效益,主要源自市场的客户集聚效应带来的较低交易成本。但这种服务模式存在着极大的不稳定性。

六　国内外现代农业服务模式的比较分析

国内外现代农业服务模式表现出一些共同的特点,诸如:

(1) 政府作用是现代农业服务的重要机制

从国内外现代农业服务模式来看,政府的促进作用主要体现在,在充分发挥市场机制的基础上,采取得力措施,促进社会交易成本的降低,从而推动农业服务体系的完善。由于政府拥有一定的财力,政府农业服务组织在服务体系中处于重要地位并发挥了积极作用。在一些领域,政府服务组织具有不可替代的作用,如农业信贷及保险服务。在政府参与的农业服务体系中,还可以通过服务机构的有效活动将政府的农业政策,变成能控制和影响农业生产的社会行为,以落实政府的农业政策。

(2) 合作性是现代农业服务的重要方向

在发达国家的农业服务系统中,尽管组织形式多种多样,但与其他组织相比,合作经济组织作为农业生产者自己拥有和控制的组织具有许多独特的优势,因此占有极为重要的地位,是向农业生产者提供各种服务的主体力量。例如,在资金服务方面,发达国家的农业信贷合作社和大多数综合服务合作社以及专业合作社为社员提供大量的低息贷款服务,帮助农业生产者解决农业生产和经营资金不足的问题。

（3）科技服务是现代农业服务的重要内容

在国内外现代农业服务模式中，都把科技服务作为重要内容，通过科技服务提高农业劳动生产率。农业科技服务为科技兴农、科技兴村、增加农民收入提供了一条快速有效的捷径。

当然，国内外农业服务模式仍存在多方面的差异性：

一是农业产业链一体化服务方面的差异。农业服务体系在发达国家有一个共同的趋势，就是向一体化方向发展，即农业生产本身与产前、产中、产后的服务结成一体，共同经营和发展，形成农工商综合体，实现所谓的农工商一体化。农工商综合体一般将农业生产及农业生产资料的供应等纳入到农产品的加工和销售经营中，把农业变成整个一体化经营的一个环节，由综合体为农业生产提供产前、产后及产中很多环节的社会服务①。而相比之下，我国的现代农业服务模式仍处于产前或产中或产后某一阶段的服务上，尚未形成完整的农业产业链各环节的产前、产中、产后一体化服务体系。

二是服务体系建设方面的差异。在发达国家，农业服务是一项农业和农村发展的系统工程，其组织形式是灵活多样的，包括国家有关的政府部门、农民组织起来的各种合作社、私人企业、专业性服务公司及个人等，这些国家农业所需的服务不是由某一类组织包揽，而是由多种组织共同承担。但是，不同的服务组织之间具有一定的分工。这些服务组织之间各有优势，相互补充，彼此配合。由于它们动员了全社会的一切愿意为农业服务的积极因素，因此，随着农业生产的发展，农业服务体系得以较快地形成并有效地运转，从而对农业和农村经济的发展起到了重大的推动作用。另外，从服务组织的类型来看，有流通领域的服务组织、生产领域的服务组织和服务领域的服务组织等多样化的类型。从服务组织的机构设置来看，除了有基层的服务机构外，还设有地区一级和中央一级的农业服务组织。相比之下，我国农业服务体系还处于以单向服务与政府服务为主，合

---

①　目前，在西方发达国家，这种农工商综合体存在三种主要形式：一是工商企业与农场结合为一体，由工商企业为农业生产提供服务；二是工商企业通过合同形式，与许多农场建立稳定的结合关系，农场向工商企业提供农产品，工商企业向农场提供社会服务；三是农场主联合兴办工业企业为自己提供各种服务。

作经济组织和其他私人服务机构为辅的服务主体单一化的服务阶段，没有形成系统化、全程化、农业产业链一体化的有效完善的现代农业服务体系。

第八章 现代农业风险管理机制

第一节 现代农业风险界定与分类

农业风险是农业生产经营中不可避免的现象,与其他产业相比,农业风险具有明显的特殊性。在分工与融合的大背景下,从传统农业向现代农业转型的进程中,农业风险表现为持续性增生趋势。另一方面,由于市场化、以家庭为基础的分散化经营,又在不同程度上削弱了现代农业的抗风险能力。这种情况表明:在市场化条件下,解决农业风险控制与管理,是保障农业可持续发展的重要前提。农业保险是国际通用的非价格保护工具之一,也是 WTO 农业协议规则下适用并且能够有效分散风险、保护农业发展的重要手段。

当前,中国正在广泛推行工业反哺农业、城市反哺农村政策,加大农业保护与农业支持力度,必须高度重视和充分利用农业保险,将其放在政策体系的重要位置,以期为我国农业可持续发展发挥护航作用。

一 现代农业风险分类

农业风险实质是农业再生产过程中各种不可回避的风险因素造成的实际收益与预期收益相背离,从而使农业生产经营者蒙受经济损失的一种潜在可能性。农业产业的弱质性,根本上是由农业作业经营与外部自然环境及社会环境风险高度相关依存、农业风险造成的实际成本与无形成本过高所决定的，外部环境出现任何风险因素干扰，都可能引发农业风险事故而导致实际经济损失。

在市场经济体制中，农业产业面临的风险主要有三类：

其一，自然风险。是由自然现象或物理现象损害农业生产对象、生产资料和劳动者而产生的风险，包括由自然因素引发的各种自然灾害如暴风雨、龙卷风、洪涝、干旱、火灾、地质灾害、动植物病虫害等。自然灾害侵害农业生产基础设施、设备、作业对象以及生产者生活资料，便形成农业财产风险，危及农业生产者人身安全与健康，便形成农业人身风险。囿于现有物质基础和技术手段水准，人类自主防御农业自然灾害、特别是规避或抵御高强度、大范围农业自然灾害的能力极其有限。到目前为止，从世界范围来看，人类仍未摆脱对自然的依赖性。自然风险不仅损失频率高，而且损失程度大，影响面广，是现代农业生产经营最大的风险。

其二，经济风险。是指农产品在生产、储运、加工、销售等经营过程中，因为市场供需关系、价格、品种等经济因素的不确定性变动使生产经营者蒙受经济损失的风险。农产品生产及其供需弹性有限，一旦因为市场变动或自然周期阻滞，便会导致产出结果缺陷。同时，由于农业生产经营的市场自我调节能力的被动性与有限性，决定了农业生产者承受的经济风险的能力远低于其他产业。随着农业产业化、规模化、社会化、专业化的发展，农业经济风险的影响越来越大，成为现代农业发展的主要制约因素。

其三，社会风险。是指由难以预料的社会行为变迁，直接或间接干扰农业生产经营状况所导致生产者的经济损失的风险。目前，对农业生产影响最大的社会风险主要来源于政策或制度性缺失，即由于政策调整和制度变革的不可预见性影响市场主体行为，导致资源配置失效所形成的风险。

以农业自然风险为例，农业风险的主要特点是：

（1）利害互变性。农业自然风险的发生不仅仅给农业造成一定损失，有时灾害过后还会带来一些好的结果。比如洪水暴发会给农业生产以及农民生活造成很大损失，但洪水过后，土质得到改良变得肥沃。

（2）局部损失与全局丰收的反差性。对于一般的财产来说，灾害发生后在造成一种财产损失的同时，不会使其他财产因此而受益。但多数农业自然风险却是另一种情况，例如，台风可能会使台风中心地区的农作物受损，但随台风而来的雨水，却可能为附近地区的作物解除了旱情，创造了丰产的条件。

（3）损失的自愈性。由于农业自然风险的破坏对象是有生命的、有生长机能的动植物，因而在灾害发生后，如果这些动植物体生活机能没有完全丧失，还能继续生长，灾后遇到适宜的生长条件，得到及时适当的维护和管理，动植物体就会发挥再生能力，使受到的损害在一定程度上得到弥补和恢复。

（4）成灾的条件性。任何一种自然现象，既可能是动植物生长的必要条件，又可能对其生长构成威胁，关键在于其发生的时间和强度等条件。

（5）损失责任难划分性。由于动植物的生活周期和生长周期都比较长，其间，动植物体可能会受到多种自然灾害的侵袭，每种灾害都可能造成一定的损失，都通过产量等反映出来。因此，在各种灾害的综合作用与影响下，很难精确地划分清楚哪一种灾害究竟带来多大的影响。

（6）区域性。与其他类型的灾害相比，农业自然风险的区域性更为突出。这主要表现在：一是灾害种类分布的地域性，即不同地区存在着不同的灾害种类，如我国南方水灾较为频繁，北方旱灾比较严重，台风主要侵害沿海地区等等。二是同一生产对象灾害种类和受损程度的地区差异性，即由于地理、气候、品种不同，同一生产对象在不同地区有不同种类的灾害，且对同一种灾害的抵抗能力不同。如同样是低温冷害，南北方的不同品种抗御能力不同。

（7）伴发性与持续性。伴发性表现在一种灾害发生时往往诱发其他灾害同时发生，如台风灾害往往伴有暴雨灾害，山区暴雨灾害可能导致山洪暴发和泥石流，湿度过大容易诱发作物病虫害等等。持续性表现在同一灾害的连续发生和不同灾害的交替发生。

二　现代农业风险制约因素

一是观念制约。农民的市场观念较弱。入世之后，随着国外农产品的进入，市场竞争进一步加剧；农民的消费观念落后，农业基础设施建设跟不上，生产资料投资乏力，农业从业人文化素质低，生产产品技术含量低，销售风险加大；组织观念较弱，让农民和没有打过交道的部门联结起来，在市场经济中共进退，存在很大困难；风险意识较弱，虽然目前经济形势与国际形式都发生了巨大变化，但农民几乎没有受到触动，仍然我行我素。这些原因都不利于风险化解。

二是资金制约。在市场经济逐步取代计划经济的过程中，农村资金通过各种渠道流向城市或非农产业。单纯从市场经济的角度看待这个问题，本无可厚非。因为不管是农村信用社还是邮政储蓄吸收的存款，都有生息逐利的要求。但这样一来，农村资金就更加短缺了，导致我国农业科技投入严重不足、制约信息产业建设和农民采取防范措施，从而成为农村经济发展的障碍，制约着农业风险的管理。

三是人员制约。首先，我国农民的科技文化素质低，农民能生产出来的农产品卖不掉，市场需要的优、特农产品又很难生产出来。农业产业结构调整在低水平上重复，调来调去不能升级。其次，涉农企业管理人员素质较低，农产品企业技术力量薄弱，加工档次低，技术含量少，产品附加值低，市场容量有限。再加上企业人员诚信意识差，不同程度地存在着"以我为主"的供给观念和利益追求，农产品销售的风险性较大。第三，信息服务行业人才匮乏，既懂农业经济又懂信息技术的复合型人才比较缺乏，信息服务水平低，信息严重不对称。

四是制度制约。改革开放初期，我国以家庭联产承包经营为核心的农地改革，实现了耕者有其田，极大地调动了农民的生产积极性，但形成了比较严重的小规模分散经营的模式。在入世后，中国农业面临的是分散小生产与现代化的大农业的竞争，我国明显处于劣势。要改变这种状况，必须扩大土地经营规模，促进农业富余劳动力向非农产业有序流转，但我国农地产权制度存在缺陷、农地流转的制度阻碍严重、农地流转的社会保障机制没有建立、严格的户籍制度、不完善的教育制度等成为改革的障碍。

五是信息制约。农产品市场风险的一个重要原因是信息不完全，信息不对称。这是由多方面原因造成的。首先，我国信息化建设的整体投入水平低，农村信息化水平更低；农村信息供需矛盾突出，信息资源整合不够；在农业信息生成、传播消费过程中，存在着政策性信息风险、信息传播失效风险和信息供求失衡风险，影响信息效用的发挥。其次，农民的组织化程度低，农地流转的中介机构缺乏。最后，农户由于农产品生产的特征以及自然经济和计划经济的影响，难以在较为分散且时滞较长的市场中捕捉信息，也难以针对市场信息及时地调整产业结构和进行技术革新。

第二节 现代农业产业链风险管理

一 农业产业链风险及其特征

农业产业链风险是指农业产业链上的企业或农户在经营过程中，由于各种事先无法预测的不确定因素带来的影响，使产业链农业企业或农户实际收益与预期收益发生偏差，从而导致受损的潜在可能性。农业产业链风险比一般产业链风险更加复杂：

农业生产及农民是第一种不确定源。农业生产具有地域广阔、季节性、周期性强的特点，与制造企业相比可控性低，常常面临自然风险、政策风险、市场风险的多重打击，波动极其频繁。此外，农民总体素质较低，契约意识较淡漠，这在很大程度上与农民的利益被无端侵害有关，受伤害的农民在多次博弈中增强了机会主义和败德动机，从而使产业链环节极不稳定。

产业链上的企业大多植根于农村。受资金、人才及环境多方面制约，管理水平较低，运营极不稳定。

农业产业链下的产品大多为食品等日用消费品。随着买方市场加剧及大众生活水平提高，消费者对这类产品在花色、品种、包装、质量、保健等方面的特点更加敏感，要求也愈来愈高。此外，这类产业进入壁垒相对较低，从而加剧了市场与需求状况的不稳定性。

二 农业产业链风险结构

农业产业链风险管理就是以产业链风险管理的一般方法为基础，对农业产业链做好风险识别、评估、处理等工作。表 8 - 1 表示了农业产业链风险管理的组成。这四个过程是一个统一体,不可分割,共同组成了农业产业链的风险管理过程。

表 8 - 1　　　　　　　　　　农业产业链风险管理过程

风险管理阶段	风险管理内容
Ⅰ. 风险识别	认识农业产业链风险类型
	明确农业产业链风险结构
	确定农业产业链风险所有
Ⅱ. 风险评估	评估农业产业链风险损失
	评估农业产业链风险概率
Ⅲ. 风险处理	农业产业链风险回避措施
	农业产业链风险控制措施
	农业产业链风险转移措施
	农业产业链风险自担措施
Ⅳ. 风险总结	农业产业链风险管理评价

　　农业产业链的风险识别是指风险管理者通过对大量的农业产业链运营信息资料、现象进行系统了解分析,来认清农业产业链中存在的各种风险因素,进而确定农业产业链所面临的风险及其性质。要进一步剖析风险的结构性质,如这种风险属于道德风险、技术风险、金融风险、外部风险、系统风险中的哪一种,然后才能对症下药。同时农业产业链是相互依存的合作链,而每个企业参与合作的程度各不相同,农业产业链风险对各个企业的影响程度也是有差异的。因此,分析了结构后,还需要进一步分析风险的归属,即风险的所有者。依据科斯定理,所有权的明确可以有利于资源的有效配置,明确风险的所有者,分析风险是某个企业内部的风险,还是农业产业链上所有企业都必须面对的风险,有利于风险的及时解决、风险的分担和风险的公平补偿。

　　农业产业链存在着性质不同、归属不同、程度不同的各种风险,有些风险是传统风险在新条件下的加强和变形(如效率风险、自然灾害风险、市场风险），有些是新风险（如信息风险、跨国经营风险），以下是对农业产业链面临的常见风险的具体分析。

（1）农业产业链效率风险

效率风险是一种传统风险，这种风险是由于企业或农户之间合作没有达到自己期望的效果而消极应对或退出产业链的风险。产业链上的企业大多植根于农村。受资金、人才及环境多方面制约，管理水平较低，运营极不稳定。这种风险主要由如下几个方面引起：

①核心企业实力不强，没有做好整个农业产业链的协调工作，导致正常的农业产业链流程失调。

②整个农业产业链企业之间水平参差不齐，有些企业没有核心竞争力，从而导致农业产业链整体效率低下。

③农业产业链企业之间因为成本分摊不合理而互不相让，在农业产业链整体利润一定的条件下，某些企业利润的提高会导致其他企业利润降低。在如今这个微利时代，企业之间争夺利润的动机本身就很强烈，从而导致农业产业链有断裂的风险。

④农业产业链之间协调机制不完善，导致沟通成本过高，从而降低了合作的利益。农民总体素质较低，契约意识较淡漠，在多次博弈中增强了机会主义和败德动机，从而使得农业产业链环节极不稳定。

（2）农业产业链市场风险

农业产业链下的产品大多为食品等日用消费品。随着买方市场的加剧及大众生活水平提高，消费者对这类产品在花色、品种、包装、质量、保健等方面的特点更加敏感，要求也愈来愈高。此外，这类产业进入壁垒相对较低，从而加剧了市场与需求状况的不稳定性。面对这些挑战，企业纷纷采用面向消费者需求的商业模式，按照客户的需求安排原材料、零部件、生产量和生产流程。虽然这种方式可以大幅度降低库存成本，提高消费者的满意度，但是由于消费者需求随季节、地域、个性、社会环境的波动，而且市场竞争激烈，商品售价又被压低，一方面企业的生产资源有可能闲置，造成浪费；另一方面，这些成本又无法从低的销售价格中得到弥补，企业面临两难的境地。这种基于市场的风险从风险结构上来看，属于产业链的外部系统性风险，市场的急剧变化使企业必须面临巨大的挑战，任何有关市场的决策失误最终将导致农业产业链的解体甚至企业的破产。

（3）农业产业链信息风险

农业产业链是信息流、商流、资金流和物流的结合，信息是农业产业链管理的基础。但是信息在农业产业链中存在着很大的风险，主要表现在如下几个方面。首先，合作伙伴之间隐瞒信息，通过一方的信息隐瞒，可以使单个企业获得较高的利润，而整个产业链的整体效率却降低了，这种信息风险从风险结构上看是属于道德风险的范畴，是属于产业链企业的败德行为产生的风险。其次，在电子商务条件下，产业链的信息主要采用计算机信息系统搜集、存储、处理、传递和使用，使用计算机处理信息可以大大加快产业链应对市场的变化，加快企业内部流程的效率，减少成本开支，但在这个过程中，产业链的信息面临着极大的风险。

（4）产业链自然风险

在所有产业中，农业与自然环境的关系最为密切，农业受自然环境变化的影响也最大。自然灾害对现代农业的影响是破坏性的，甚至是毁灭性的。我国是自然灾害的频发区，旱灾、洪灾几乎每年都发生，蝗灾、风灾、雹灾、霜灾也时有发生。自然灾害发生后，给农业经营主体造成直接或间接的经济损失。直接的经济损失表现为整个农业或某些农产品的减产或绝收以及对农业基础设施的破坏，间接的经济损失表现为农产品品质下降所引起的市场售价的降低。

三　农业产业链风险评估

农业产业链风险评估是对某一特定农业产业链风险的测量，是进行农业产业链风险管理的必要措施。农业产业链风险评估必须考虑两个方面，一是风险发生的概率，二是风险造成的损失程度。根据实际经验，人们常常把农业产业链风险发生的概率分为5个等级（见表8-2）。按照农业产业链风险发生后所带来的损失，可以将农业产业链风险损失程度也分为5个等级（见表8-3）。

表 8－2　　　　　　　　　农业产业链风险发生概率划分

风险等级	风险评估	风险评估描述
Ⅰ	不可能	发生的可能性非常小，几乎为零
Ⅱ	不太可能	有可能发生，但概率很小
Ⅲ	中度	有可能发生，发生概率50%
Ⅳ	可能	可能发生，发生概率大于50%
Ⅴ	非常可能	一定发生，发生概率大于80%以上

表 8－3　　　　　　　　　农业产业链风险损失程度划分

损失等级	损失评估	损失评估描述
Ⅰ	没有损失	损失几乎可以忽略不计
Ⅱ	很小损失	产生一定损失
Ⅲ	中度损失	造成短期内一定损失
Ⅳ	严重损失	造成较长期内较严重损失
Ⅴ	灾难性损失	严重损失，产业链毁坏

从以上等级划分可以看出，不管是从农业产业链风险发生的概率，还是从农业产业链风险造成损失程度来看，农业产业链风险的测定都是非常模糊的，都是一些相对的非数值化描述。显然，简单从 5 个等级来评估农业产业链风险是远远不够的。但是，农业产业链风险有其特殊性，有很多风险是很难用精确的数值来将其量化的。

农业产业链风险评估就是按照风险发生的可能性和风险造成的损失进行深入的考察。各种风险对农业产业链的影响程度是不同的，有些风险对农业产业链的成功至关重要，有些则不是。根据风险发生的概率和损失的程度，可以列出表 8－4 所示的关于应对风险的处理态度矩阵。只有矩阵右下角填写 A 的组合需要重点防护，其他作一般处理或不做处理亦可，这就大大降低了农业产业链风险管理的难度和范围。

农业产业链风险往往受多个因素影响，必须综合考虑，找到各个影响因素，然后对各个因素作出评估，最后根据这些原因制定风险解决方案。

表8－4   **农业产业链风险处理态度**

风险概率	不可能	不太可能	中度	可能	非常可能
没有损失	C	C	C	C	C
很小损失	C	C	B	B	B
中度损失	C	B	B	B	B
严重损失	C	B	B	A	A
灾难性损失	C	B	B	A	A

四　农业产业链风险处理

风险处理是风险管理的核心。风险分析、风险评估，都是为了有效地处理风险，减少风险发生的概率和造成的损失。和一般产业链风险处理方法相似，农业产业链风险处理也包括风险回避、风险控制、风险转移和风险自担。面对农业产业链的风险，企业根据自己的能力和风险的特征，按照风险评估的结果选择风险解决的方法。在处理风险时要考虑到，有些风险只能控制、减少，而不能消除。农业产业链风险处理方法的选择是一种科学决策，要对农业产业链的企业内部情况、外部环境有充分的了解，同时还要注意方法的适用性和效果。通常，风险处理不是单一的一种方法，而是几种方法的综合应用。

根据风险评估的结果，按照农业产业链风险处理态度矩阵的规则，对不同风险的重要性进行分类，重要风险重点处理，非重要风险可以忽视。但也要注意有些风险可能在环境发生改变后，风险的性质和发生的概率也会改变。

下面分别对农业产业链效率风险、市场风险、信息风险、意外灾害风险提出相应解决措施。

（1）农业产业链效率风险的处理

效率是农业产业链管理最重要的考虑因素，只有高效的农业产业链才会吸引其他企业加入，并形成可靠的联盟。为了提高农业产业链效率可从以下三个方面入手：

第一，作为农业产业链的农业龙头企业，首先对各个相关企业的能力进行综合考察和研究，找到农业产业链中的薄弱环节是由哪些企业引起的，如果这些企业本身有很大问题，很难改善，那么应该重新选择合适的合作伙伴取而代之。

第二，对改善有望，目前存在一定困难的企业，如资金缺乏、技术相对落后的，作为核心企业应该提供帮助。

第三，对供应商采用激励和惩罚相结合的管理措施，提高其效率水平，一方面要稳定与主要供应商的供应关系，另一方面又要尽量减少对一家供应商的完全依赖。

（2）农业产业链市场风险处理

市场风险是由农业产业链外的各种因素造成，有些因素是无法改变的，如经济下滑、消费风俗等。面对这种风险最好的措施是风险规避，尽可能地减少损失。有些市场风险是企业可以避免的，企业可以通过正确的市场营销手段、详尽的客户信息分析和完善优质的客户服务来影响。农业企业通过利用互联网信息技术，将获得更强的市场风险抵抗能力。

（3）农业产业链的信息风险处理

信息是指农业产业链运行的重要资源，对农业产业链成败至关重要，对待信息风险，最好的方式是主动出击，采用积极的方法应对。信息风险管理包括两个方面：一方面，要减少信息不对称所带来的风险，提高整条农业产业链的竞争优势，必须建立起一定的机制来约束农业产业链上各个企业或农户的行为；另一方面，要求农业产业链上各个企业对自己所拥有的信息在一定范围内、一定程度上实现安全、可靠的共享。实现信息系统之间的对接是非常关键的，只有这样才能减少信息延迟和信息不一致所带来的损失。通过建立信息系统之间的共享机制可以有效地解决产业链中的"牛鞭"效应①。

---

① 在信息系统架构过程中，架构技术的标准化、开放性是非常必要的，这样有利于企业信息系统随企业发展而不断扩展，也尽可能地降低企业的退出成本。通过采用防火墙、网络防毒、信息加密、身份认证、授权等信息技术手段加强信息系统的安全性。信息技术虽然可以解决一些信息安全方面的问题，但这不是全部，只有企业内部对信息系统安全意识提高以后，农业产业链信息系统基础设施才能既安全又可靠地完成企业的战略任务。

（4）农业产业链自然灾害处理

农业生产具有地域广阔、季节性、周期性强的特点，与制造企业相比可控性低。自然灾害的管理应该在平时建立起应急预案和备用设备。企业信息系统处于企业运营的核心地位，为了应对这种挑战，企业应该采用远程备份数据的措施尽可能地在企业数据中心面临破坏后还能运行业务。在企业布置全球生产设施时，全球灾害发生情况也是必须要考虑的，如在地震高发区和低发区对厂房的设置就采用不同的方式。随着计算机信息技术的发展，采用全球定位监控的方式对农业产业链的各个环节进行有效的监控是未来的发展趋势。

（5）农业产业链风险总结

在产业链运行条件下，任何有关方面都处于不断的变化之中，风险也是如此。任何已经解决的风险有可能会以新的方式来影响农业产业链的运行，所以对已有的风险应该处于日常监控中，对已经解决的风险包括对其解决措施给予总结，找出解决问题的关键因素，并建立相关风险应急档案，为以后风险的解决提供知识上的储备。

第三节　现代农业风险管理体系框架设计

伴随着 2001 年中国加入 WTO，在经济全球化、市场国际化及贸易自由化的大背景下，中国农业不仅面临国内市场风险，还面对来自国际市场诸如价格波动、外资控盘等多方面的风险。中国农业"小生产"与"大市场"的矛盾被进一步放大甚至激化。相应的农业风险也日趋多样化和复杂化。

然而，当前农业风险管理却面临着一系列困难。灾害救济是当前我国农业风险处理方式中最普遍的形式，但存在事后性的局限。价格保护、农业补贴作为稳定农业发展、降低农业风险的措施在逐渐被利用，但基本出发点不是应对农业风险。订单农业作为一种风险转移措施，也表现出直接或间接的缺陷。订单农业中，农户不履约或企业拒收、压级压价及拖欠贷款等造成信用风险，而农业专用性资产的投入则导致"敲竹杠"问题（当农户根据订单农业要求改变种植方式，从事一些投入较大、技术难度高的生产后，将被迫依赖于订单发起人），使农业陷入更大的风险中。此外，还有一些其他农业风险管理方式被尝试或研究，如紧急贷款、信息服务、基础设施建设、研究和推广新品种及多样化种植等，但总体效率不高。总体而言，当前我国存在着农业高风险与农业风险管理低效率的困境。

一　农业风险管理困境的成因分析

现代产业组织理论认为，将从事农业生产、加工、流通、科研、推广以及相关领域的企事业单位和个人联合起来，形成"风险共担，利益共享"环环相扣的产业链。可以极大地提高农业产业化组织程度，增强市场竞争力，保护和提升我国的农业产业。在该产业链中，生产和加工（流通）两大环节最为关键。农户和加工（流通）企业合作的紧密度决定了整个农业产业的组织化程度。具体而言，在政府、协会以及各种农业合作组织的统一协调下，广大农户与农产品加工（流通）企业通过合同或契约结成一体化组织，农产品加工（流通）企业向农户提供良种、化肥、农药和技术服务，农户严格按照农产品加工（流通）企业规定的生产流程和技术要求进行生产，并向其供应保质保量的农产品，农产品加工（流通）企业按照约定的价和量与农户进行交易，这种合作越紧密，组织化程度就越高，市场竞争力就越强。然而，这种合作的紧密性和持续性，决定于是否建立起在公正、公平和对等原则基础上的利益共享和风险共担的有效制度和机制。而我国小规模农户极其脆弱的风险承受力和农产品加工（流通）企业有限的抗风险能力，加之农业产业高风险特征和中国农业产业有效风险管理工具的缺失，使得农产品生产农户和加工（流通）企业在遭遇较大风险冲击时为了自身生存和利益而常常违约。

这种一体化组织变得相当脆弱，农户和加工（流通）企业可以"利益共享"，却很难"风险共担"。

农业产业所面临的最主要风险为自然风险和市场风险。在市场经济发达国家，自然风险的有效管理工具是作物保险。作物保险将生产者遇到的自然灾害风险分散予众多的投保者；市场风险的有效管理工具是订单农业

（营销合约）和期货市场，订单农业将生产者面临的市场风险转移给购买产品的贸易商和加工企业，而贸易商和加工企业又可以通过期货市场将这些市场风险转移或分散给市场中的投机者，期货市场中众多的投机者愿意在冒巨大风险的同时享有巨额利润。市场发达国家成熟的风险管理工具和完善的风险管理体系保证了农业产业中各类生产经营主体紧密及稳定的合作关系。而我国由于相关风险管理工具缺失且不规范，农户在遭遇自然灾害风险后常常无力进行灾后重建，在无保险情况下也很难得到安全性要求。

面对市场风险，近年来一些农户也利用订单农业方式试图将风险转移给贸易商或农产品加工企业，但由于国内农产品贸易商和加工企业普遍缺乏市场风险（包括国内和国际市场）管理意识和管理经验，无法利用期货市场这一现代市场风险管理工具转移和分散风险，也没有行业性管理机构从产业链角度进行一体化风险管理的设计和指导。当市场发生不利于自身的变动后，农产品加工企业要么履约后蒙受巨大损失甚至破产，要么只能通过拒收、压级压价、拖欠货款等方式将风险转嫁给广大农户，违约而失信于农，使双方关系破裂。因此，在农业产业风险管理工具缺失和一体化风险管理体系缺乏状况下，最终只能导致农户和农产品加工（流通）企业"风险自担，利益独享"，农户和加工（流通）企业无法成为真正意义上的一体化组织，农业风险管理自然会陷入"非不为也，实不能也"的窘境中。

二　中国农业一体化风险管理框架体系设计

分析表明，中国农业风险管理困境的破解需要设计出基于农业产业链的一体化风险管理工具。现代农业风险管理理论认为，产业链中不同环节风险存在一定差异，风险作用方式也不相同。需要通过剖析不同风险的作用机制，确定各个环节的主要风险，寻求针对性的管理方式，科学地进行风险管理方式组合，最终实现有效风险管理的目标。风险管理方式的选择必须满足三个要求：有针对性地解决该环节的主要风险；保证该环节风险管理方式的协调；实现与其他环节风险管理方式的关联。为便于研究，假定中国农业产业链只包括农户（上游）和农产品加工（流通）企业（下游）最重要的两大环节。据此，中国农业产业一体化风险管理工具可简要表述为：农业保险＋订单农业＋农产品期货市场（见图 8－1）。

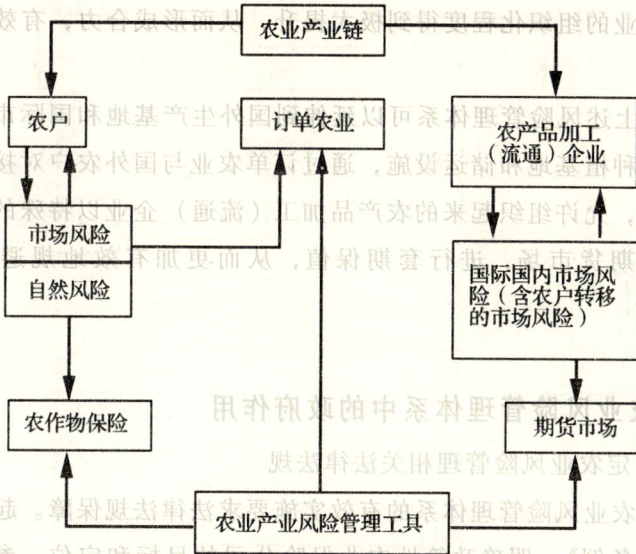

图 8－1　中国农业产业风险管理体系

农业保险的主要功能在于化解农户农业生产所面临的自然风险。通过政策性农业保险设计和推广，政府在财政上予以合适比例的补贴，鼓励农户参加作物保险，确保农产品生产稳定，从而为农产品加工（流通）企业获得稳定的农产品原料供给。订单农业的主要功能在于通过订单将农户面临的市场风险分散和转移给订单企业，帮助农户获得稳定的收益；同时又确保农产品加工（流通）企业可以获得稳定的农产品原料。农产品期货市场的功能在于为众多分散经营的农产品加工（流通）企业提供一种有效的避险工具，将包括农户通过订单转移过来的各种市场风险转移和分散给农产品期货市场投机者，获得稳定的收益。此外，由于农产品期货市场还具有价格发现功能，能对农产品的生产、加工和流通提供科学合理的价格指导。期货价格不仅能为订单农业提供合理的参考价格，而且还能作为确定农产品生产品种和数量的依据，有利于减少订单农业实施过程中的盲目性，避免农业生产的大起大落。

通过"农业保险+订单农业+农产品期货市场"一体化风险管理工具设计和有效实施，将众多规模小、数量多、生产分散的农户与农产品加工（流通）企业紧密联系，形成"风险共担，利益共享"的一体化组织，中国农业产业的组织化程度得到极大提升，从而形成合力，有效抗衡各种农业风险。

当然，上述风险管理体系可以延伸到国外生产基地和国际市场，通过在国外建立种植基地和储运设施，通过订单农业与国外农户对接，同时制定相关政策，允许组织起来的农产品加工（流通）企业以特殊的形式或渠道进入国际期货市场，进行套期保值，从而更加有效地规避国际市场风险。

三　农业风险管理体系中的政府作用

（1）制定农业风险管理相关法律法规

一体化农业风险管理体系的有效实施要求法律法规保障。起草《政策性农业保险条例》，明确政策性农业保险公司的目标和定位、参与各方的权利和义务，规范投保行为、管理行为和资金使用行为及各级政府和相关产业在政策性农业保险实施过程中的行为准则。具体涉及政策性农业保险的范围、保障水平、险种目录、政府财政补贴水平（农户保费补贴、保险公司经营费用补贴）、管理费和保险费分担原则、组织机构运行方式等。制定与订单农业有关的规范性法规条例，进一步完善《合同法》。具体包括制定订单农业的合同范本制度、格式合同制度、当事人再协商制度、除诉讼外的替代性纠纷解决制度（赋予农户与企业以程序选择权）等。修改和完善《期货交易管理暂行条例》，重点包括期货市场的法律地位、期货交易组织者和参与者的法律保障，推动银行信贷资金支持农产品加工（流通）企业参与套期保值，加快期货市场对外开放步伐，促使期货市场成为中国乃至世界农产品的定价中心。

（2）健全农业风险管理组织

一体化农业风险管理的首要主体应当明确为政府，是农业风险管理顺利实施的重要保障。针对性地参考美国农业风险管理机构——农业风险管理局，在农业部增设农业风险管理机构，以协调各有关职能部门间的关系和政策，该机构对农业风险管理的基本职能为：制定和执行有关农业风险管理政策，进行农业风险区划和费率分区工作，组织研究农业风险评估和风险管理工具创新，管理农业风险和农业保险的财政补贴等。同时该风险管理组织应重点支持各种农业协会功能的充分发挥，在外汇管理有所限制的情况下，应允许国内农产品加工（流通）企业以整体协会的形式进入国际期货市场进行套期保值交易。

（3）创新农业风险管理工具

一体化农业风险管理的有效实施要通过科学、合理的风险管理工具来实现，要依据不同类型风险的表现特征、承险体生物学特性、创新和开发各种类型风险管理工具，满足各类生产经营主体风险管理的需要。目前应重点开发和完善农业保险（诸如成本保险、产量保险、收入保险、气象指数保险）、订单农业（诸如紧密型订单——签订合同时双方定种植面积、定价格、包收购、返利润、企业供种子；松散型订单——合同只确定最低保护收购价和基本质量要求，不限收购数量，高于保护价时随行就市）和农产品期货市场（诸如各种合约、农产品指数期货、天气指数期货、农产品期权）等各类农业风险管理工具。

第四节　现代农业保险及其运行机制

一　国外农业保险发展的特点

（1）确立政府在农业保险发展中的主导地位

由于农业保险对象的特殊性和经营技术的复杂性，农业保险成本很高，商业性保险公司不愿或无力进入农业保险市场，政府的进入和引导就显得尤为必要。政府主导农业保险市场主要体现在三个方面：一是直接由政府出资组建政策性农业保险公司；二是对商业性保险公司经营农业保险业务进行大力的补贴和资助；三是为国内的各类农业保险公司提供方便的

和廉价的再保险业务。政府的直接推动和大力资助是国外农业保险发展的
决定性因素。

　　Hazzell 认为农业保险业持续发展（Z）应满足的条件是：当期保险费
收入（P）必须能够保证当期的保险赔偿支付（I）加上管理成本（A）
和巨灾损失准备金（C），即：Z＝（A＋I＋C）/1）≤1。他同时分析并
计算了 5 个国家的农业保险经营情况（见表 8－5）。

表 8－5   部分国家农业保险经营情况

国家	时期	I/P	A/P	（A＋I）/P
美国	1980—1990	1.87	0.55	4.22
日本	1985—1990	0.99	3.57	4.66
巴西	1985—1990	4.29	0.28	4.57
印度	1980—1990	2.26	0.54	2.28
墨西哥	1985—1990	3.18	0.57	3.16

　　资料来源：OECD, 1999, *Agricultural Finance and Credit Infrastructure in Transition Economies*。

　　从表 8－5 中 5 个国家的统计资料不难看出，农业保险的经营成本相
当大，即使不考虑巨灾损失准备，表中 5 个国家的农业保险公司 Z＞2，无
法满足商业性保险公司发展的要求。表中 5 个国家的农业保险赔付率（I/
P）几乎都超过100%，巴西甚至达到429%；保险管理成本（A/P）较高，
一般超过30%。因此，没有政府的大力资助，无论是政策性还是商业性
的保险公司都难以生存。以美国为例，从 20 世纪 80 年代初期到 90 年代
末期，美国政府平均每年对农业保险资助超过 20 亿美元，总的资助费用
超过保险费的80%。2000 年通过的《农业风险保护法案》，提供82 亿美
元增加对农业保险的补贴，2002 年 5 月通过的新的《农业法案》，要求政
府在未来 10 年内对农业提供高达 1900 亿美元的补贴，其中大多数是通过
农业保险的方式资助农业。由此看出，政府在推动农业保险发展中的主导
作用，政府的资助和参与是农业保险持续发展的必要条件。但是，政府主
导型农业保险的发展普遍面临成本效率的矛盾。许多人认为，政府的直接
介入可能对私人保险产生"挤出效应"，同时政府经营往往效率低下，必
然造成社会资源的浪费和社会福利的下降。许多国家的政府背上沉重的财

政负担，因而纷纷转向寻求市场导向型农业保险的发展方向。

（2）加速农业保险经营技术的创新和发展

农业风险的特殊性，决定了按传统的保险经营技术无法使农业保险较好地满足保险理论要求的保险条件，导致赔付率过高和管理成本太大，既抑制了农业保险的供给，又限制了需求。特别是无法吸引商业保险资本进入到农业保险市场，市场就缺乏效率和活力。政府的大量财政资金补贴，也加重了财政负担。因此，农业保险经营与管理技术的创新缓慢就成为农业保险发展的瓶颈。可喜的是在 20 世纪 90 年代中后期，国外农业保险加快了技术创新，取得了一些很有价值的成果，并成功地运用于实践。这方面的代表性成果主要包括：

①农业气象指数保险合同。作物产量与某一气候现象紧密相关，例如，降雨量（土壤湿度）的过多（水灾）或过少（旱灾）所形成的灾害性气候构成农业生产风险。随着现代气象技术和卫星遥感技术的发展，准确测定过去特定地区某一时期灾害气候发生程度的数据已成为现实。气候指数保险合同是指在特定时期对某一灾害性气候现象对作物的损失程度通过用指数的方式反映出来，然后根据灾害性气候出现的频率以及与某一指数大小对应的损失程度计算出费率和赔付标准，形成标准合同。指数保险合同主要有三个优点：一是增强了保险信息的透明度和对称性，有效地控制了农业保险的道德风险和逆向选择问题。所有的投保人以同样的费率购买保险，当灾害发生时获得相同的赔付标准。二是大大地降低交易成本。由于指数保险合同的标准性，合同的销售可以通过在当地保险公司或银行网点进行，保险的赔偿也不需要非常复杂的核赔技术和程序，可以直接在当地网点按照所公布的指数领取赔偿金。三是刺激保险需求。指数保险合同的购买不再仅限于农业生产者，所有的人都可以购买，这更容易使之满足大数法则，有利于风险的分散。此外，由于指数保险合同具有标准性和信息的对称性，有利于再保险的发展和在此基础上其他保险技术的创新发展。

②风险证券化（Risk-securitization）。保险公司对巨灾损失的赔偿支付，传统手段主要是通过保险准备金的积累。然而，农业保险公司目前维持正常的赔偿支付和管理成本都主要依赖政府的资助或补贴，更谈不上足

额保险准备金的积累。风险证券化是将农业巨灾风险与资本市场结合起来，在资本市场上以证券的方式筹集资金来分散和化解农业的巨灾损失。与农业保险的巨灾损失相比，资本市场资金规模庞大，如果能将资本市场资金引入到农业保险，无疑对推动农业保险的发展具有十分重要的意义。国外在 20 世纪 90 年代中后期发展的风险证券主要有三类：巨灾债券、应急准备金债券和巨灾股票。仅以巨灾债券为例，巨灾债券是保险公司自身（或委托再保险公司）发行的附上特定条件的标准公司债券。这类债券的特点是：利率一般高于市场利率，但是在保险期限内，当巨灾损失发生时，投资者的利息甚至本金将随巨灾损失程度的加深而减少。即投资巨灾债券可高概率地获得高回报率和低概率地减少收益。由于农业巨灾风险与资本市场具有极小的相关性，所以巨灾债券为投资者提供了一个很好的投资风险组合。对农业保险公司而言，由于将巨灾损失风险与资本市场结合，扩大了资金来源，提高了分散风险和抵抗风险的能力；同时由于资本市场的全球化特点，易于将一国农业风险通过资本市场向国外转移。

（3）准确把握农业保险的功能定位

农业保险的功能定位有三种选择，一是作为农业风险管理功能，二是作为收入转移功能，三是兼有农业风险管理和收入转移的功能。目前，国外农业保险的功能定位大多属于第二和第三种。从美国近几年的政策来看，它将农业保险的功能更多地定位在收入转移功能。美国的农业保险日益成为一个从财政向农业部门转移支付的重要工具。但是从福利和效率的角度，政府导向型的农业保险几乎都是失败。农业保险的功能定位直接影响农业保险的发展方向和方式。保险最本质和最基本的功能就是分散风险，因此，农业保险的功能就应定位于风险管理功能。农业和农业保险的发展离不开政府和其他产业的扶持，但是如果把农业保险作为接受资助和扶持农业的手段，就会扭曲农业保险的功能，不利于农业保险的健康发展。

（4）积极培育农业保险市场主体

培育农业保险市场主体必须首先明确两个问题：一是谁来经营农业保险，是政府还是私人，或者是二者共同经营，即农业保险的发展是坚持政府导向还是市场导向；二是农业保险的经营形式，是专业经营农业保险业务还是混业经营。从国外农业保险发展过程可以看出，目前农业保险的经营主体主要是政府。

二 我国农业保险面临的问题分析

2003 年，党的十六届三中全会明确提出，探索建立政策性农业保险制度。此后，在政策的鼓励和保监会的积极推动下，农业保险试点不断扩大和深化，目前已形成五种模式、四种形式①。2008 年年底，我国农业保险保费收入达 11.5 亿元，同比增长 89%；赔款支出达 8.8 亿元，同比增长 94.8%，初步改变了 1994 年以来农业保险持续萎缩的局面，呈现出良好的发展势头。农业保险的开办，为保障农业再生产和稳定农民收入起到了重要作用。然而，从风险管理的角度看，随着农业保险试点的发展以及保障范围、覆盖面的进一步扩大，我国农业保险及其风险分散机制仍面临一些亟待解决的困难和问题。

（1）自留风险仍是绝大多数农户的现实选择

目前除试点地区外，20 世纪 80 年代曾普遍实行过的农业保险在其他地区一律停办，绝大部分的农业生产没有任何保险保障。而在农业保险试点地区，农民虽然对农业保险有需求，但投保能力弱是一个普遍性问题。由于农业生产的损失率较高，世界各国包括我国的试验表明，农作物一切险保费高的达 15%—20%。然而，农业保险面对的是收入较低且增收缓慢的农民，在自愿投保且无一定补贴的情况下，中、西部地区主要从事小规模种养殖业的农户，有投保意愿但受支付能力约束无投保能力；而比较发达的东部地区农户，有投保能力但因农业和农业保险本身预期收益不高而无投保意愿。因此，我国农业保险参保率较低，农民仍然还是依靠传统方式如差异化种植、亲友借贷以及大灾之后的政府救济等分散农业风险。但在面临系统性的风险时，这些渠道往往容易失效，绝大部分损失将由农民自己承担。

----

① 五种模式指的是：上海安信、吉林安华、黑龙江阳光互助制、浙江共保体、外资安盟。四种形式指的是保险公司自办、代办、与政府联办以及保险公司共办。

（2）农业保险公司的承保能力非常有限

由于农业保险的自然风险较高，且逆选择和道德风险问题突出，当前我国农业保险公司仅限于中国人保、中华联合和四家专业性的农业保险公司，且大都按照"商业化运作为主，政府支持为辅"的原则维持经营。为分散农业风险，试点公司也进行了一些积极有效的探索，如"以险养险"、"低保费、低保障"以及推行一定区域的"统保"，签订商业再保险协议，建立防灾减灾网络等。然而，我国农业保险的试点时间不长且仅限于局部地区，由于受到经营管理、产品技术以及偿付能力等因素的制约，区域性农业保险公司承保能力十分有限且面临着居高不下的赔付率。一旦遭遇巨灾损失，单靠农业保险自身微薄的准备金很难补偿其损失，如果得不到政府特别是财政上的支持，商业保险公司已有实验的可持续性将值得怀疑。

（3）农业保险的再保险机制尚未建立

各农业保险经营主体承保能力十分有限，客观上需要强有力的再保险支持。况且农业巨灾风险（洪灾、旱灾、病虫瘟疫等）是商业性保险公司很难独立承担和消化的，也并非单个的农业保险供给主体力所能及的。目前，我国对农业保险的再保险还没有相应的政策、措施，包括中国再保险集团公司（以下简称中再集团）等商业再保险机构对农业保险的再保险问题非常谨慎。2004 年以来，针对各家农业保险公司对再保险的需求，在中国保监会的协调和指导下，中再集团依托自有资本金，以商业运作模式提供农业再保险。然而，仅仅依靠中再集团一家所能提供的承保能力，已无法满足日益增长的农业再保险需求；而且，农业保险经营的不确定性极易给中再集团造成巨大的潜在风险。因此，在国家尚未建立巨灾基金的情况下，由于对农业保险缺乏适当的再保险安排，农业保险的政策性与商业保险公司营利性之间的矛盾加剧，风险过于集中在保险经营主体自身而难以分散，势必影响经营主体的持续稳定经营。

（4）政府实行直接巨灾救济制度

从世界各国的发展实践来看，各国基本上形成了以农业保险制度为主、灾害救济制度为辅的农业风险管理机制，并且对农业保险实行政府支持。我国虽然多次在中央"一号文件"中提出建立政策性农业保险制度，但都较为宏观。政府有关部门对保险运行规律及保险的经济补偿和社会管理功能知之不多，并不善于利用保险手段来转移政府职能，解决社会事务。除上海等少数地方外，总体上政府对农业保险的支持力度不够，被使用的释放农业自然风险的措施之一就是灾害救济，尽管政府的灾害救济在减轻农民损失和稳定社会等方面发挥了一定作用，但是从风险管理的角度来看，依靠政府财政救济转移巨灾风险的作用十分有限，也存在一些弊端：无偿的灾害救济给财政造成巨大压力；降低农民参保积极性，使农业保险参与率不足，进而加剧农业保险的高赔付率和高损失率，换言之，灾害救济与农业保险之间存在着一定冲突。这种单一的、事后财政补助的农业灾害救助模式极不稳定，难以有效分散风险和充分体现公平的原则。

三 现代农业保险机制建构

（1）合理定位农业保险的政策性

发达国家特别是美国与日本，农业保险不仅涉及农业自然灾害风险，而且已经延伸至农民的农业收入部分，成为国家福利政策的有效组成部分；发展中国家主要是通过农业保险使遭受灾害事故的农业生产经营活动迅速恢复，保障农业的持续和稳定增长，为市场提供充足的农产品。从我国农业保险的发展现状来看，农业保险的政策性功效主要体现在：一是利用农业保险分散风险这一基本职能，确保农业和农村经济朝着良性的、可持续的方向发展；二是通过农业保险有计划、有步骤地增加出口创汇农业抵御自然风险的能力，减少农业风险的损失波动，确保农产品在国际贸易中顺利进行，提升农业的国际市场竞争力；三是通过农业保险确保科学技术在农业生产中的广泛运用，提高农业劳动生产率和土地资源利用率，增加农产品附加值，为发展高产、优质、高效的现代化农业提供强大动力；四是通过农业保险使得遭受经济损失的农业生产经营者在保险责任范围内及时得到经济补偿，最大限度地减轻灾害损失的消极影响，确保农业发展和农村社会的稳定。

（2）营造农业保险发展的制度环境

从经济学角度分析，农业保险制度的潜在利益是使农民通过低保费享受农业保险规避风险的现实效用，保险公司通过政府的政策支持从农业保险的承保中获取平均利润，政府通过农业保险的开展使农业社会享受利益外溢的益处。然而，农业保险市场中的高费率、高风险、高成本、高赔付使得农业保险制度的潜在利益无法实现。为使农业保险的福利功效得以体现，必须营造农业保险发展的制度环境。农业保险的制度环境可以界定为制度"硬环境"与"软环境"。"硬环境"是指政府对农业保险的重视程度、法律法规体系的完善、农业保险组织体系与经营体系的创新及政府的财政支持与政策优惠等方面。"软环境"属于意识形态体系，农民的传统意识根深蒂固，对保险的认识不够。政府作为制度供给的主体，应该提高农民的保险意识、组织意识和诚信意识，为农业保险的发展提供良好的外部运行环境。

（3）创建农业保险的多元化组织体系

面对保险市场的激烈竞争及农业保险市场日益突出的供需矛盾，农业保险经营需要一个完整的多元化的组织体系，如"国家政策性农业保险公司＋农村保险互助合作社＋商业保险公司"的经营模式。国家政策性农业保险公司的经营重点应放在关系到农村产业结构调整和维持农民生活稳定的、大规模、易管理、高风险地区的种植业和养殖业上，同时把出口创汇能力强的高科技、高投入的种植业和养殖业纳入其中。商业性的保险公司以经营农业财产保险、责任保险、农村居民的人身意外伤害保险和健康保险为主。农村保险互助合作组织在自愿、互助、合作的基础上，适度规模地开展农业保险业务。在政策支持方面，因各地区经济发展水平、地区机构等差异性较大，政府对农民的保费补贴可以分级对待，对保险公司的营业税和个人所得税可以优惠对待。农业保险运作必须与市场机制有机结合，通过价格机制来提高制度效率。利用资本市场强大的融通资金的功能，积聚农业风险补偿资金，进行合理的农业风险转移和保险资本运作，强化农业保险的可持续发展。

（4）完善农业风险管理相关法律法规

起草《政策性农业保险条例》，明确政策性农业保险公司的目标和定位、参与各方的权利和义务，规范投保行为、管理行为和资金使用行为及各级政府和相关产业在政策性农业保险实施过程中的行为准则。具体涉及政策性农业保险的范围、保障水平、险种目录、政府财政补贴水平（农户保费补贴、保险公司经营费用补贴）、管理费和保险费分担原则、组织机构运行方式等。制定与订单农业有关的规范性法规条例，进一步完善《合同法》。具体包括制定订单农业的合同范本制度、格式合同制度、当事人再协商制度、除诉讼外的替代性纠纷解决制度（赋予农户与企业以程序选择权）等。修改和完善《期货交易管理暂行条例》，重点包括期货市场的法律地位、期货交易组织者和参与者的法律保障，推动银行信贷资金支持农产品加工（流通）企业参与套期保值，加快期货市场对外开放步伐，促使期货市场成为中国乃至世界农产品的定价中心。

第五节 生产性风险规避——基于农户视角

在风险发生之后，人们的应对措施主要有两个：社会网络内（例如亲友网）风险统筹和跨时期消费平滑。其中，社会网络风险统筹的主要方法是以互惠性的收入转移来进行横截面的消费平滑，即当某个成员遇到困难时，该网络内的其他成员给予货币或其他形式的援助，而该成员也有在其他成员面临困难时给予援助的义务。社会网络内风险统筹的效果主要受到几方面因素影响。一是收入水平和收入差距。在收入差距扩大的过程中，富裕阶层的利益会减少，给予的概率高于得到的概率，同时其自我保险能力较强，其背叛的可能性会增加。二是信息交流的程度。在对背叛者实施惩罚的过程中，如果关于该被判者有背叛历史的信息能够迅速传播，其所受到的社会排斥会更加普遍，惩罚就会更加严厉。三是风险的性质。非正式保险能够较好地应对异质风险，但是，当共同风险发生时，社会网络内的成员都陷于困境，非正式保险机制在平滑消费方面显得无能为力。

跨时期消费平滑是指通过收入的跨时期转移来实现消费平滑，避免风险所带来的不利影响。通俗地讲，跨时期收入转移就是在现在发生收入降低或支出增加时，将过去或将来的钱拿到现在来花。与此相对应，跨时期消费平滑的形式包括储蓄和借款。主要有几个因素限制了跨时期消费平滑的作用：一是农民收入偏低，储蓄量少，相当一部分生活贫困的农民要么根本就没有储蓄，要么只有数量很小的储蓄，维持目前生活尚且艰难，很少有农民为将来考虑，在需要跨时期消费平滑时，这部分农民会遇到困难。二是信息不对称使正式金融机构向农民提供信贷的风险较大，并且贫穷农民往往没有合适的财产提供贷款抵押。另外，过高的交易成本也使正式金融机构一般不愿意向农民提供贷款。三是农民从非正式放贷者获得贷款也受到一定限制。这一方面是由于非正式放贷者仍然处于非法或者受法律严格限制的状态，另一方面是由于其高利率的特征，农民只有在其他方式借款失败或不足时才会向"高利贷"借款。

以上分析表明，当严重的自然灾害或者市场风险出现时，无论是社会网络内的非正式风险统筹，还是跨时期收入转移的作用都是非常有限的。仅仅依靠事后机制救济不确定性带来的农业风险是远远不够的，在风险发生之前就采取一定的措施来防范的意义似乎更大。那么，在发展中国家，农民在风险发生之前一般会采取哪些措施来防范风险？其效果又如何呢？

在如何防范农业风险这个问题上，已有的研究发现，在发展中国家社会保障以及商业保险功能缺失的情况下，农民并不是消极地承受风险。研究发现，农民在风险发生前会通过多元化经营行为以及采用保守生产技术进行生产来稳定其收入。

一　多元化策略

多元化策略是指尽可能使收入来源多样化，例如，同时种植多种农作物或者从事多种农产品的生产，使将其土地分布于不同的地块，在从事农业生产的同时从事非农生产经营活动。从理论上说，只要不同收入来源不完全相关，这些收入来源的组合就会降低总的收入风险。我国农民的多元化经营行为一方面表现为在农业种植时，农民常常种植多种作物而不是一种；另一方面表现为在农业种植之外，家庭养殖、外出打工等也是农民收入的重要来源。近年来，家庭经营农业收入在我国农民总收入中所占比重已不足40%，工资收入和家庭经营非农收入的比重则在持续上升。

二　保守生产策略

保守生产策略是指尽可能在风险较低（但同时回报也低）的生产活

动中采用落后但稳定的生产技术，种植稳定性高但产量低的传统农作物，减少对某些高成本生产要素的投入，并尽可能平均分配土地，力求收入稳定。发展中国家农民，尤其是贫苦农民，处于詹姆斯·斯科特（James Scott）所描述的"水深及颈"的状态，即使出现收入风险方面的"细波微澜"也可能导致严重后果，其风险回避向来比一般的经济主体更强。为了回避风险，追求收入稳定，其生产决策会偏离利润最大化决策，这里的利润的减少实际上是农民为减少风险而付出的风险金。农民采用保守生产技术进行生产的行为可以用图 8 - 2 进行解释。

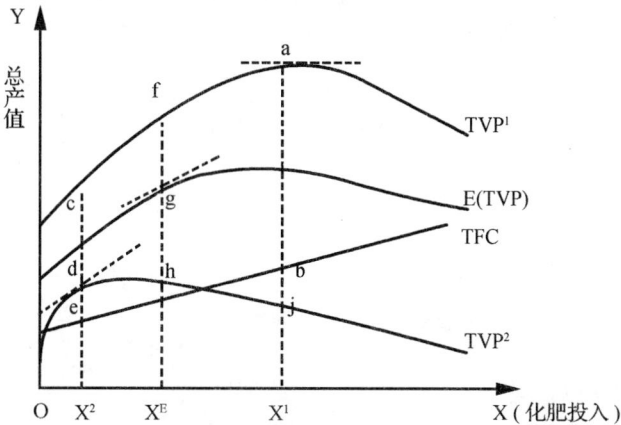

图 8 - 2　面临风险时的农户生产决策

在图 8 - 2 中，曲线的形状反映了好天气和坏天气在不同化肥投入条件下对产量的影响。好天气会有较高的产量曲线 TVP^1，而缺少降雨会导致很差的收成，也就是 TVP^2 曲线。E（TVP）为农民对好天气或坏天气发生可能性作出综合判断之后预期的总产量；TFC 是总成本线，它表示购买更多氮肥所造成的总成本不断增加；三个不同的生产点 X^1、X^E、X^2 分别代表了农民根据自己的主观判断所作出的理性资源配置。显然使用 X^1、X^E、X^2 投入的农民，分别是风险规避者和风险中立、风险爱好者。

由于不确定性因素，农民为了规避风险，选择的化肥投入量必然在 X^2 周围的区间内，而不可能选择其他远离 X^2 的投入。因为一旦农民生产出现损失就意味着灾难，对那些仅仅能够维持生存的贫困农民而言，减产意味着饿殍。这样的选择意味着预期边际收益产品高于边际成本,资源没有达到最优利用,利润没有实现最大化。

农民可能坚持使用保守的农业技术,而在使用可能带来利润增加的新技术时态度非常谨慎。虽然这样做获得的利润较低,但风险也低。采用保守生产行为固然降低了风险,但同时使农民难以利用新技术和新机会,对生产要素的投入和利用也难以达到理想状态,这无疑会降低农民生产经营活动所获取的收益。

第九章　推进现代农业发展的
对策建议

以产业融合推进我国现代农业的发展，必须从农业理论、农业科技体制、农业管理体制、农业组织基础等方面实现相应的创新。树立起融合型的现代"大农业"理念，创新现代农业技术研究、开发、推广体系，建立适应产业融合发展的现代农业管理体系，以农民专业合作经济组织构建农业产业融合的组织基础，是以产业融合推进我国现代农业发展的客观要求。

第一节　树立融合型的现代"大农业"
发展理念

一　对传统农业内涵的理论拓展

（1）现代农业是"大农业"

人们对农业概念的认识大致存在三种观点：一是狭义农业，即种植业。二是已被广泛接受的所谓广义农业，即动植物生产，包括农林牧渔业。三是当代发达国家的现代化农业，除动植物生产外，进一步扩展到为农业提供机器、肥料、农药等产前行业和农产品加工、销售等产后行业，即农业是以动植物生产为核心，产前、产中、产后三个领域全部内容的总和。

农业的概念是随着农业发展水平的提高而不断扩展的。在自给自足的传统农业中，生产力发展水平低下，从农产品的生产到消费遵循着简单、直接、原始的路径，农业仅仅局限于种植、养殖环节的低水平循环。现代农业的分工和专业化效应大大提高了农业的生产率，农产品从生产到消费的路径越来越"迂回"，现代农业也越来越发展成为一个分工深化、高度协作、相互依赖、融合发展的大产业体系。现代农业是融合型的"大农业"，具有比传统农业更广阔的产业发展空间和更高级的资源要素，农业的内涵和产业空间已经突破了传统产业理论对农业的界定。

（2）融合型"大农业"理念的形成有其客观必然性

第一，融合型"大农业"是科学技术进步和消费需求升级的必然结果。现代农业已经发展成一个以科技进步为支撑的多功能、跨产业、一体化的综合产业。从农业功能上看，社会不仅要求农业提供方便、安全、环保、健康、高质量的食品，而且要求农业发挥原料供给、就业增收、生态保护、观光休闲、文化教育等多方面的经济、社会、文化功能。从农业的技术手段看，现代高新技术产业与农业的渗透融合使现代农业突破了传统农业的生长性规律和资源条件的限制，工厂化农业、精准农业、基因农业等新农业形态的出现，使传统农业的产出更具有高新技术产品的特性。从农业的产业关联上看，现代农业从产前的种质培育、规划研发到产中的农业机械、化肥农药、信息科技咨询到产后的储藏、加工、包装、运输、销售形成了高度专业化、高度知识信息化的纵深的社会产业链条和网络。从发达国家现代农业发展的实践来看，农业与其关联产业的融合化发展是现代农业的基本要求和发展趋势。农业的概念从单一动植物生产扩展到以动植物生产和生态、文化、休闲、保健、医疗、能源、化工等产业功能发挥为中心，产前、产中、产后三个领域全部内容的总和是现代农业发展的必然要求。虽然融合型"大农业"已经不再具备清一色的自然再生产与经济再生产相交织的特性，但这并不意味着这种"大农业"概念已失去严谨性或被泛化的结论。从产业分类的角度看，内涵扩展之后的大农业概念是从以技术、工艺的相似性为依据转向以经济活动的阶段或关联程度为依据，是产业融合模式下现代农业发展实践在产业理论上的必然反映。

第二，融合型"大农业"是我国农业产业结构升级的必然要求。以农业结构调整和升级促进农业发展和农民增收是解决我国"三农"问题的基本要求。传统理论认为，农业就是动植物生产，在分割的行政管理体制和产业政策之下，农业被限定在动植物生产甚至某几种特定动植物生产的范围内。农业产业结构的升级首先必须打破农工商人为分割的产业理念，充分发挥市场在农业资源配置中的核心作用，拓展农业的产业空间和产业功能，将农业经济活动由单纯的产中环节，逐渐向产前、产后环节延伸，并推动农业资源向处于二、三产业的产前、产后环节快速集中。现实的重大变化往往需要相关概念的创新与之相适应，从产业融合的视角建立融合型的现代"大农业"理念是农业产业结构升级的理论起点。

第三，融合型"大农业"有利于我国新型工业化、新型城镇化进程。我国经济社会发展具有强烈的"二元化"特点，长期以来农业的发展是在工农业分割、城乡分割的基本格局下展开的，这种发展格局不但造成了日益严重的"三农"问题，而且严重影响了我国整体的工业化和城镇化水平。实践证明，农业的工业化是整个国民经济实现工业化和城镇化的重要条件和不可或缺的组成部分。融合型"大农业"要求打破工农业的产业分割，实现以工促农、工农互动的良性融合发展。要求打破城乡发展的区域分割，实现经济发展资源的城乡一体化配置。现代化"大农业"的融合发展，与工农业互动发展和城乡一体化发展具有内在的逻辑一致性。

二　树立工业化进程中的现代"大农业"发展理念

产业融合是一种新的产业范式，树立工业和农业融合发展、工业化和农业现代化融合发展的理念，既是"以工促农"战略的具体表现，也为构建现代农业建设的宏观发展战略提供了新的思路。

（1）从产业融合的视角重新定位工业化与农业发展的关系

工业化是经济发展过程中的一个必经的关键阶段，我国著名发展经济学家、农业国工业化理论的创始人张培刚先生最早对工业化进行了定义：工业化是"一系列重要的'生产函数'连续发生变化的过程，这种变化可能最先发生于某一个生产单位的生产函数，然后再以一种支配的形态形成一种社会的生产函数而遍及于整个社会", "这个工业化定义可以表明以往两个世纪中经济社会发展的主要变化, 而且可以将工业发展及农业改革都包括在内"①。由此可以看出, 工业化的科学定义中有一个重要内涵, 就在于将农业包括在工业化之中。从经济一体化和整体性上论证工业化的基本特征和过程, 从而使这一工业化理论的基础性概念更具科学性。张培刚先生曾明确提出: "农业本身就包含在工业化过程之内, 并且是这个过程的内在不可分割的一部分", "一个国家, 只要它的农业已经根据科学路线'企业化'了, 我们仍可以认为它是工业化了的国家"②。实际上, 张培刚先生的这些权威性定义和论断可以作为工业和农业融合发展的战略根据和理论基础。尽管在二元结构理论思维的影响下, 我国"重工轻农"的片面城市工业化战略加剧了工农分割、城乡分割的经济和社会不平衡性, 然而简单肯定或否定二元结构理论都是不合适的。从产业融合的角度看, 工农业两部门之间既不是二元结构论假设的农业对工业的被动适应, 也不仅仅是农业对工业的单向贡献, 而是存在着一个动态的相互扶持、相互融合的机制。尤其当城市工业化体系逐步完善之后, 应该从战略层面把农村工业化发展提上日程并加速其发展, 从而形成国民经济各产业部门协调发展的战略格局。产业融合的模式要求将农业的工业化作为整个国民经济工业化进程中的基础环节, 打破工业和农业的产业分割、区域分割的片面性, 运用工业化所提供的技术手段、物质手段和管理手段对农业进行渗透、融合和提升, 最终实现各产业的整体协调发展和整个国民经济结构的高度化。农业的发展不但是工业化的基础, 而且是国民经济工业化的重要任务。农业和工业的融合发展, 丰富了我国新型工业化战略的内容。

（2）从产业融合的角度推进农业工业化

建设现代农业是社会主义新农村建设的产业支撑, 推进工业和农业的融合发展、实现农业工业化是建设现代农业的必由之路。一般认为, 农业工业化就是借工业成果和技术不断对传统农业改造, 使之逐渐转向专业化、市场化、社会化的过程。它包括两层意义: 一方面指在发展经济的过

① 张培刚: 《新发展经济学》, 河南人民出版社 1992 年版。
② 同上。

程中，尤其在发展中国家推进工业化的过程中，对传统农业同时带来的改革和变化，即农业在国民收入和就业中的份额下降；另一方面，指工业化发展到一定程度后，工业技术广泛作用于农业，使农业内部整个系统不断向现代农业迈进的过程。但是从产业融合的角度看，农业工业化，就是农业生产过程中基于生产函数的连续发生变化，并最终实现农业与工业在更高层次上的产业融合过程。这种融合表现为工业对农业的生产方式、产出结果、经营管理方式的全面融合：

首先，农业工业化要求在市场机制作用下工业和农业实现生产方式的融合，即农业经济主体用工业生产方式对农业生产要素进行整合。这些生产要素既包括土地、劳动和资本等传统农业生产要素，也包括从现代工业部门引入的技术手段和物质装备，即舒尔茨意义上的现代农业生产要素，而且后者往往起支配作用。

其次，农业的工业化要求对农业的产出结果进行工业化深加工，建立一个完整的农业制成品工业体系，这种介于农业和工业之间的"1.5次产业"对于提升农产品加工度从而提高农产品附加值、延伸农业产业链、增加农民就业、增加农民收入具有重要意义。

最后，农业工业化要求对农业生产经营活动进行工业化运作，运用现代工业化技术和现代经营管理理念引导农户和农业企业对农产品生产、加工、运输、销售等环节进行集中化、企业化、规模化、标准化运营，即用工业化技术和理念对农业生产经营活动进行渗透和改造。

第二节　创新现代农业技术研发与推广体系

科技进步是发展现代农业的决定性力量和根本途径。以产业融合推进现代农业发展，关键是技术研究、开发、推广体系创新。不管是农业生产方式的改造、农业功能的扩展还是农业产业链的延长和深化，都是建立在现代科学技术对农业渗透融合的基础之上[①]。建立起适合我国国情的农业

---

① 刘茂松、彭新宇：《论我国农业转型期的农业工业化战略》，《求索》2005年第12期。

科技创新体系，加快现代农业科学技术向现实生产力的快速转化，是改造、提升传统农业的关键。

一　技术供给：调整我国农业科技创新的战略重点

完备的农业科技创新体系包括科技创新源、科技创新政策、科技创新机制及科技创新支持体系等内容。确定符合国情、符合现代农业发展要求的农业科技创新目标和农业科技研究与开发的战略重点，是加快现代科学技术对农业渗透融合的源头和起点。我国现代农业科技创新的总体目标是使农业科技整体实力进入世界前列，促进农业综合生产能力的提高，保障国家食物安全。战略重点是现代生物技术的研究和开发，加强现代生物科技在农业领域的应用。具体来看，应包括以下两方面：

（1）农业科技创新重点的调整

我国传统的农业科技创新偏重于能够提高农作物产量的生产技术领域，而对农业综合生产能力提高、农民生活需求、农村经济社会全面发展所需要的综合技术关注不足。在当前和未来的农业科技创新过程中，把农业科技创新的技术领域从过去的注重生产环节的增产技术，调整为同时注重农产品产量和质量、关注食品安全、提高农产品深加工和鲜活储运等生产和流通技术的研发；从偏重种植业技术创新，调整到种植业、畜牧业、渔业技术创新的平衡发展；从注重节水、节地、节肥等资源开发技术为主，转向资源开发技术与市场开拓技术相结合；从注重食品和纤维生产技术领域转向同时注重生物质能源、医药保健、农业休闲、文化教育、农业信息等农业综合开发领域；从注重提高农业经济效益的技术领域转向同时注重维护农业生态环境、改善农村人居环境和农村社会发展等领域；从注重在某些技术领域"跟踪"和"赶超"发达国家转向根据我国新农村建设的现实需求出发进行自主创新的、跨行业跨学科的现代农业发展的共性技术和关键技术的自主研发和集成创新。

（2）优化农业技术创新的区域布局

我国农业资源状况和发展水平具有很强的区域不均衡性，不同区域应该有不同的农业科技创新路线和发展重点。我国东部沿海地区自然条件优越，整体经济发展水平较高，走的是资本、技术密集的外向型现代农业的道路。农业科技创新应注重对资金、技术密集的高附加值的农产品生产技术的开发研究，以现代生物技术、信息技术、农业工程技术等为重点，不断提高劳动力、土地、资本等资源的利用效率，把农业培植成为具有强劲的市场竞争力的现代基础产业。我国的大中城市郊区的农业发展具有明显的区位优势、技术优势、资金优势、人才优势、信息优势和市场优势，在农业科技创新方面要重点研究和开发高科技集约化农业、资源集约化环境友好型农业和休闲观光旅游型农业所需求的技术体系。我国中部地区在农业结构调整中，将继续发挥粮棉油和肉蛋奶等大宗农产品生产基地的作用，其农业科技创新应以开发适应加工、运输、储藏需要的绿色、优质、专用品种资源，创新农产品深加工、精加工技术为重点，以提高产品质量和竞争力。我国西部地区具有发展特色农业和草地畜牧业的优势，要结合退耕还林、还草，重点发展节水农业、生态农业、特色农业所需要的劳动和技术密集的农业科技体系。

二 改善农业科技研发的投入体制

（1）加大对农业科技创新的投入

长期以来我国农业科技投入存在总量不足、增长缓慢、强度不高的问题。联合国粮农组织在 1982 年《粮食及农业状况》的报告中指出：20 世纪 80 年代中期世界各国农业科技投入占农业总产值比重的平均值约为 1%，发展中国家约为 0.5%，发达国家一般为 2%，而美国高达 3%。一般认为只有当农业科技投入占农业总产值的比重达 2% 左右，才能使农业与国民经济其他部门的发展相协调，而我国农业科技投入一直以来不足 1%。虽然农业科技产品不是纯粹的公共产品，许多农业科研属于应用研究，但大部分农业科技产品在不同程度上具有非排他性、非竞争性的公共产品特征。当市场无法提供最优状态的科技投资量时，政府就应该成为农业科技投入的主体并且对农业科技的投入强度应该高于总的科技（包括农业和非农业）投入强度。比如，日本的总科研公共（政府）投入强度在 20 世纪 90 年代中期保持在 2.8%，而农业科技的公共投入强度则高达

3.4%。英国的农业科技公共投入强度在 1995 年（私有化改革之后）为 2.29%，也高于它的总科技投入强度（2.05%）。法国、德国和美国两者则基本相当，都保持在 2% 左右。而同期我国农业科研公共（政府）投入强度只为 0.20%，远远低于非农业部门，仅为总的科研投入强度（0.60%）的 1/3[①]。加大政府对农业科技投入的力度，就成为农业科技创新的先决条件。首先，要明确政府在农业科研投资中的主体地位，并以立法的形式规定国家财政对农业科研投资的规模基数及每年递增的速度，在预算法中明确农业科研投资的比例。其次，改革农业科研资金筹集机制，拓宽农业科研资金投入来源。单一的政府投资显然难以适应现代农业科研发展的需要，因此有必要在财政、税收、信贷等政策上加大对中小农业企业技术创新活动的支持力度，以鼓励企业增加农业科技创新投入。最后，要在加大对农业科技创新投入的同时加强对农业科技资金的监管，使资金真正落到科技创新的实处，防止资金被截流或挪用，强化和提高投入资金的使用效益。

（2）优化农业科技投入结构

除了投入不足的问题，我国农业科研投入结构性问题也很突出，存在着农业科研机构科学事业费基本支出比例过低、农业科研机构内部的不同研究领域经费分配不均衡、农业科研领域研究经费过度竞争等问题。在理顺农业投入结构方面，笔者赞同有关学者所提出的建议，将农业科技投入分为三大部分：第一，提供充足的人员经费投入，大幅度提高国家级农业科研机构的基本研究支出。第二，设立自主研究经费投入，包括行业自主研究经费，农业科研大院、大所自主研究经费和科学家自主研究经费的投入。自主经费投入的最大益处是使用者熟悉本领域、本学科的研究前沿，可以提高农业科研投入的时效性和针对性。第三，建立合理的经费竞争机制。尽管过度竞争会造成农业科研急功近利、有改进无创新、缺乏突破性研究成果的现象，但是合理有效的竞争机制，却可以大大激发科研人员的创造性和潜能。

---

① 刘旭：《完善投入体制　推进农业科技自主创新能力建设》，《农业经济问题》2007 年第 3 期。

（3）理顺农业科技投入体制

在农业科技投入体制方面，我国农业科技体系组织框架建设的行政依附性比较突出。我国农业科技体制的组织框架，仍然沿袭着计划经济体制下封闭的行政条块分割体制，农业科技机构依中央到省、市（地区）、县等农业行政级别层层设立，而且各级科技机构又自成体系，分别隶属于不同级别的行政部门。即使同一级别不同学科的科技部门（如农业、畜牧、林业、农机等）也隶属于不同的厅局，这种情况既导致了农业科技自主创新研究具有较强的行政依附性、缺乏相对独立性的特点，也造成了农业科技割据严重、缺乏分工协作机制和合理的纵深布局的状况。而且与农业科技机构的行政设置原则相对应，农业科技投入管理体制的行政集权色彩也非常严重，农业科技投入方向极易受个人偏好影响。因此，只有理顺农业科技投入的体制，才能使相应的科技投入发挥最大效益。首先，要打破农业科技体系中职责和管理层次划分的条块关系，改变多头领导和平行管理的局面，形成有效的农业科研协调机制和宏观调控机制。其次，在组织结构上形成农业科研资源合理配置的层次和布局，构建主攻方向明确、区域分工明确、资源优势互补、协调高效的农业科研社会化网络结构，促进全国成体系、地方有特色的农业科技分工协作格局的形成。最后，建立开放型的农业科技合作机制，主动加强与国际组织、发达国家在资源、技术、智力、项目、实验基地建设等方面的交流与合作，提高农业科技创新的国际竞争力。

三　创新农业科技推广体系

农业科技转化与推广体系，是农业科技成果转化与应用的载体，是实现现代科学技术对农业渗透融合的现实介质和关键环节。而现代科技对农业融合的程度、水平和效果则直接关系到农业科技水平的提高、农业增产和农民增收。创新我国农业科技推广体系，是促进现代农业科技向现实生产力转化、促进传统农业提升、改造和建设现代农业的必由之路。

（1）打破部门分割，建立农业科技研究、技术推广、农民教育相结合的新型农业科技推广体系

　　长期以来我国农业科技推广工作不力的重要原因是农业科研、农业技术推广和农业生产实践缺乏协调、相互脱节：一方面农业科研和推广分属不同的行政管理部门管理，两者之间没有建立信息交流的机制，使农业科技系统内部技术转移推广的效率低下；另一方面是农民教育培训工作与农技推广工作间缺乏有效联系，农民科技文化素质有限，获得新技术信息较慢，严重影响技术创新成果扩散和向现实生产力的转化。另外，由于对农技推广性质上的认识不清和对市场机制的片面理解，不少地方政府在进入20 世纪 90 年代后放松甚至在某种程度上放弃了对农技推广的组织和支持，致使农业科技推广体系出现了"网破、线断、人散"的危局，造成农业科技推广的"最后一公里"问题。为此，必须在完善国家农业技术推广机构，合理设置县乡农业技术推广机构，明确基层农业技术推广机构承担的公益性职能的基础上，建立健全农科教相结合的科技运行机制，引导和鼓励科研机构、教学单位、推广机构、农民合作组织、农业企业等联合实施科技推广项目，形成以国家农业技术推广机构为主体，农村合作经济组织为基础，农业科研、教学单位、涉农企业等社会力量广泛参与，分工协作、形式多样、服务到位、充满活力的农业技术推广体系①。

　　（2）改变垂直、单向的推广渠道，建立新型、双向的农业科技推广网络

　　长期以来我国的农业技术推广体系基本上按照自上而下的"管道模式"来单向地向农民和农村地区强制性传播由政府、科研权威机构认定的成果，很少考虑这些技术的适用性和农民对这些技术的反应。这样一种垂直、单向、主观的推广体系排斥了最终产品的实现者——农民对科研以及中间产品提供者的反馈作用，从而导致农业科研、推广、生产的盲目性和不确定性，最终严重影响了农业科技推广体系的运转方向和实际效果。新型农业推广体系致力于将科研、生产、农民各环节有机结合，使之形成一个紧密联系、双向循环的运转体系，不仅注重农业科技推广的过程，还要在农民生产经营的实践中对其结果进行跟踪、收集和处理，并通过现代信息网络把这些信息迅速反馈到各级农业科研、推广部门。尤其是在我国农

---

① 李建军：《面向新农村建设的农业科技战略调整》，《科学对社会的影响》2006 年第 4 期。

业结构调整的进程中，农业技术创新活动与农民的技术需求之间必须建立有效的双向沟通的机制，农民的参与和信息反馈不但传达了农业发展的真实技术需求，而且可以引导和纠正农业科研、推广的方向和方法的偏差，真正发挥农业科技创新对现代农业建设的关键性作用。

（3）建立服务型的农业科技推广体系

传统的农业科技推广体系带有很强的行政性，尤其是各级推广机构的层级设置、条块管理的结构特征更强化了这种倾向。新型农业推广体系是以农民为农业科技推广的服务主体，它建立在为农业发展、农民生活和农村经济社会发展服务的基础上，致力于提高农民科技素质、增进农业生产经营效益、维护农业生态环境，实现对农业地理、生态、生产、人文等各方面资源的综合开发和利用。在功能上突出农业科技推广中介机构的咨询、引导等服务功能，使其真正发挥农业科技成果产业化的桥梁作用；在运转形式上促进农业科技推广队伍多元化、技术服务社会化、推广形式多样化、运行机制市场化。在服务形式上要强化绩效考核，把进村入户为农民服务的业绩作为考评农技人员特别是基层农技人员的重要指标，鼓励农业科技人员深入生产第一线，实现技术和成果的转化。在服务形式上、在服务内容上一方面从单纯的产中技术服务延伸到产前、产中、产后全程系列服务上来，另一方面从单纯服务于农业生产经营延伸到服务于农业发展和农村经济社会的全面发展上来。

（4）建立农业科技推广示范样板

我国农民接受新技术、新思想的一个突出特征是现实的示范性和仿效性，因而在农业科技推广体系中，农业新技术、新成果的示范推广对指导农业生产、调整农业产业结构、提高农民收入具有独特的作用。其中农村科学试验示范基地是科技成果转化的基本手段，是连接科技与农民群众的桥梁。农业示范基地建设工作的主要内容是树立样板、进行引导、以点带面、带动区域农业经济的发展；通过建立示范样板，可以让农民直接看到新技术、新成果的增产、增收效果，提高农民对技术掌握的程度和农业实用技术普及利用率，达到农业发展、农民增收的目的。为此要按照"科技人员直接到户、良种良法直接到田、技术要领直接到人"的要求，加强科技示范户的能力建设，形成以农业科研专家为技术源泉，以技术指导员为纽带，以示范户为核心，连接周边农户的技术传播网络。要充分利用科技示范场、科技特派员、专家大院、农技 110 等推广载体和手段，推进农业科技成果的转化与应用。

四　提高农民综合科技素质

农民是发展现代农业、建设新农村的主体，现代农业科学技术对农业的渗透融合，最终的落脚点是农民。作为现代农业科学技术的"受众"，农民科学素质的提高和接受、运用科技成果的程度，决定着现代农业科学技术对农业渗透融合的最终效果。创新农业科技培训方式，提高农民科技素质，是现代科学技术对农业渗透融合的基础条件。

（1）采用多种渠道广泛开展农民科技培训

我国农民的科技素质整体偏低，在近 5 亿农村劳动力中，具有高中以上文化程度的占 12.4%，初中文化程度的占 50.2%，小学以下文化程度的占 37.4%；获得过绿色证书、青年农民培训和其他职业资格证书培训的人数只有 2000 多万人[①]。尤其是随着农村劳动力向城市和非农产业转移，农村劳动力结构急剧变化，农业劳动者素质呈结构性下降趋势，农业劳动力出现"空心化"现象。在这种情况下，采用多种因地制宜的渠道加强对农民科技培训，提高农民科学综合素质，就显得尤为紧迫。首先，必须大力实施新型农民科技培训工程，按照"政府埋单到村、培训落实到人、机构招标确定、过程规范管理"的工作机制，围绕主导产业，围绕"一村一品"，大力培养专业农民。其次，拓展农民科技培训的渠道，加大"绿色证书教育"、"青年农民科技培训"、"农民实用技术培训"等农民教育培训形式的培训力度。通过农业技术讲座、培训、函授、夜校等多种有效的途径和形式，大幅度提高亿万农民的科学文化素质和农业科技水平，进而提高农民参与农业科技创新的积极性。最后，加大"阳光工程"等农村劳动力转移就业培训工作力度，提高补贴标准，提高培训质量，增强农民的转移就业能力。探索开展农民创业培训，吸引有志青年返乡创

---

① 孙政才：《加快农业科技进步　促进现代农业发展》，《求是》2007 年第 15 期。

业，培养一批农民企业家。

（2）创新农业科技的培训方式和内容

要适应农民需要，开展灵活多样、易懂易学的实践培训、现场教学、短期培训，整村推进农业科技进村入户。充分利用现代信息手段和网络技术，切实改善科技培训工作条件。培训内容要增强针对性和可操作性，结合当地发展现代农业和建设新农村的实际要求，突出现代信息技术、农产品加工技术、生物技术、清洁生产技术、环保技术等的推广和普及。

（3）健全农民科技培训体系

改革政府主导、农科教结合、社会广泛参与的农民科技培训体系。我国农业科技推广体系存在着"断脚巨人"的现象，即越上层的农业科技推广机构，其基础设施、运转效率、人才水平越高；越是基层、越是接近农民的关键环节，其基础设施、运转效率和人才水平越低。对农民进行科技培训的长期性、经常性工作，终究要靠基层科技推广机构来完成。因此必须充分发挥政府的主导作用，切实加大对农民科技培训体系、尤其是基层体系的投入力度；整合农业科研教学单位等各类教育培训机构的力量，鼓励企业、中介机构等社会力量积极参与，形成一批布局合理、设施良好、教学水平高、农民欢迎的农民科技培训基地。值得注意的是，我国农民的组织化程度较低，面对一家一户、情况各异的个体农民，农业科技推广"入户、到人、进田"的目标很难真正落到实处。农民合作经济组织的建立使农村的科技推广有了一个新的、有效的介质，使农业科技推广体系可以面对有组织、成规模的农民，组织的依托不但很好地解决了农民在农业科技推广过程中所处的被动接受、分散学习、缺乏双向的理论和实践交流的局面，而且很好地解决了农民接受农业科技培训的盲目性，大大增加了农业科技培训的针对性和时效性。

第三节　改革我国传统的农业管理体制

所谓管理体制，本质上讲是一种生产关系，这种生产关系必然要随生产力的发展不断调整。在产业融合范式下，如果仍然采用"分立式产业管理"的方式无疑将不能适应也不利于融合型产业体系的构建与发展。我国现行的农业管理体制，带有浓重的计划经济色彩，在管理方法上存在着一、二、三产业割裂、城乡产业布局割裂的问题；在管理体制上存在着行政条块分割、调控不力、机构重复、政出多门的现象。在产业融合模式下，随着现代农业科学技术对传统农业的渗透和提升，农业的生产手段、经营方式、产业功能、产业空间都将得到极大地提高和拓展，而传统的农业管理体制，已经不能适应融合型现代"大农业"的发展需要。因此，在参照农业管理国际经验基础上，对我国当前产业分割、行政条块分割的农业管理体制进行调整、改革和创新，建立适应产业融合发展的现代农业管理体系就成为促进我国农业产业融合发展的制度保障。

一　我国农业管理体制弊端分析

首先，我国农业管理体制存在着严重的产业分割、分段管理的现象。现代农业是融合型的"大农业"，其内涵已经不仅仅局限于传统农业理念中的种植业和养殖业，而是第一、二、三产业融合发展，农业产前、产中、产后环节紧密联系的融合型农业体系。但是在我国的农业管理机构设置中，生产环节、加工环节、贸易环节（甚至内外贸环节）分属于不同的部门。农产品生产环节结束以后，其收购、加工、运输、储藏、销售就归其他不同的职能部门管理，其结果是造成了农业产业链的人为割裂，不能实现农业产业链的纵深发展和综合效益的提高。

其次，我国农业管理体制存在着部门分割、综合协调能力差的问题。农业管理体系是一个有机的整体，农业管理体制的设置不但应该能对农业、林业、渔业、水利、土地规划利用等产业进行综合开发和管理，还应该对农业教育、科研、推广、乡村发展等与农业产业发展相关的部门进行统一协调。在我国，尽管农业部是农业和农村工作的主管部门，但是与农业发展密切相关的农业用水资源和农田水利建设却由水利部主管；耕地是农业生产的重要资源，但耕地保护开发，农地用途管制，基本农田保护却由国土资源部负责；农业市场的建设和管理主要由国家工商总局和原国家经贸委负责；农业科学技术的推广由农业部管理，但农业科技研发的战略制定与实施保障似由科技部主管；甚至对主要农产品的销售农业部也没有管理权限。这些相互关联的部门分散设置，职能不清，造成对农业综合协调能力的缺乏，不能从农业发展的全局出发，对农业基本资源和关联机构作出长远、完整的战略规划。

最后，我国农业管理部门存在着政出多门、调控不力的弊端。在农业管理体制改革过程中，尽管我国农业部名义上具有"研究提出深化农村经济体制改革的意见"的职责，但是，一方面由于管理职能分割，农村产品市场的改革，农村要素市场的改革，农村利益分配关系的改革等等农村最为重要的改革，分属于不同的部门，农业部均不能独立提出实质性的方案并执行；另一方面，按照中央农业管理体制的运作原则，凡是各涉农部门职权范围的工作，涉农部门独立完成。凡是尚未明确分工的事项，必须由各方协调后上报国务院；凡是涉及不同部门的工作，则以一个部门为主、相关部门联合行动。这种管理体制不但由于政出多门、权责不明确而影响了农业决策的时效性和准确性，而且由于农业部不拥有独立、综合的财政、金融、价格、税收、保险、外贸、储备等支持手段，其结果是对农业的改革、发展、管理等缺乏相应的决策能力和调控能力。从全球范围看，为适应经济全球化的要求，发达国家自20世纪80年代末90年代初开始，对国内的农业管理体制进行了相应的改革，促使了农业竞争力的提高。尽管各国的国家政治制度不同、经济结构和经济发展水平不同，但各市场经济国家农业管理体制还是具有一些共同的经验和做法，比如健全的法制、统一的宏观调控、一体化的管理、完善的服务体系等。在借鉴参考发达国家农业管理体制有益经验的基础上，对我国农业管理体制进行改革，是以产业融合推进我国现代农业建设的体制要求。

二　加快改革我国农业行政管理机制

应该说，我国农业管理体制中的问题并不是孤立存在的，而是在我国的行政体制中具有一定的普遍性；农业管理体制的改革，最终要通过我国行政管理体制的整体改革来实现。党的十七大报告中指出要"加大机构整合力度，探索实行职能有机统一的大部门体制，健全部门间协调配合机制"，建立一个"权责一致、分工合理、决策科学、执行顺畅、监督有力的行政管理体制"。十七大报告提出的行政管理改革的思路，是对我国行政管理体制改革在新的历史条件下适应市场经济发展的一个新举措，也为改革我国农业管理体制，建立适应产业融合型现代"大农业"发展需要的新的农业管理体制奠定了基础。

目前，就农业管理体制而言，美国农业部的职能，大体涵盖了我国的农业部、水利部、国家林业局等多个部门的职能，体现出"大农业"概念。而我国农业的产前、产中、产后管理一共涉及 14 个部委，农业部、水利部、国家林业局等涉农部门行政职能的错位和交叉，不仅造成了部门之间扯皮现象多，行政效能低下，而且极容易造成"权力部门化、部门利益化、利益集团化"的现象，过多经济资源被行政机构自身消耗掉。更重要的是，它无法履行现代"大农业"条件下的一体化宏观管理、市场监管、社会管理等职能，因此必须对现有农业管理体制进行有效的整合和改革。

第四节　发展农民专业合作经济组织

家庭承包经营最适合农业生产的特点，可以容纳多层次的生产力，与农业现代化并不矛盾，必须长期坚持不变。同时，现代农业又是高度专业化、市场化、企业化的农业，在产业融合模式下，不管是现代农业科学技术对农业的渗透融合，还是农业产业体系的横向扩展和农业产业链的纵向深化，都需要农业生产经营的组织化和规模化作为基础。农民合作经济组织的发展，为小规模、分散化的家庭经营和规模化、专业化的大市场的对接提供了中介，为产业融合下的现代大农业发展提供了生产经营的组织载体①。

---

① 韩俊等：《促进中国农民合作经济组织发展的政策框架》，《求是》2007 年第 4 期。

一　有效促进家庭经营与现代大市场对接

在我国农业小规模分散经营的条件下，如何提高农民的组织化程度，解决农业家庭经营和现代大市场对接的矛盾，是现代农业发展过程中的一个重要问题。

首先，农业产业体系拓展，需要农业家庭经营的横向联合。从农业产业体系的横向扩展来看，不管是传统农业内部种植业、养殖业等经营方向的拓展，还是传统农业向生物质产业、休闲文化产业等领域的拓展，都需要以专业化、大规模、企业化的生产经营组织为依托；从农业产业体系的纵深发展来看，要延长农业产业链条，把传统家庭经营的农业产中环节向产前、产后的第二、三产业扩展，使农产品生产、加工、销售等环节有机结合，也需要分散的家庭经营走向产品、人力、资本的横向联合。农民联合起来的非政府组织，可以通过新型的农业经营服务主体的规范运作，形成与中间商和企业主抗衡的力量，形成合理的利益分配机制，并进行自我协调、管理和服务，从而增强农民适应现代市场、规避风险和捕捉机会的能力，促进农民增加收入。我国农业产业化经营过程中较为普遍的"公司加农户"的组织形式中，农户的组织化就是家庭对接企业、市场的关键环节。

其次，在我国"统分结合、双层经营"的农业体制下，作为农村最基层行政单位的村集体，其服务农民和农业的功能被严重削弱，分散经营的小农户既缺少生产资料购买、农业产中环节和农产品销售过程中的生产性服务，又缺少自身利益保护的组织依托。农民的组织化是保护其自身经济社会利益的必然诉求。

最后，现代农业是开放的农业。在国际化背景下，面临世界发达国家农产品背后强势的农民组织和农民利益集团的科技、经济、政治支撑，我国需要加快建立农民组织，比如建立相关的农产品行业协会，为农业生产提供统一的产品技术标准、国内外市场信息、政策法规咨询服务、反倾销反补贴调查等服务。

二　农民专业经济合作组织也是一种生产力

以小规模、分散化的农业家庭横向联合为基础的农民专业经济合作组织，成为现代农业产业融合发展的组织基础。2006 年 6 月十届全国人大常委会第二十二次会议审议《农民专业合作经济法草案》中对农民合作经济组织的定义是：农民专业合作经济组织是在家庭联产承包经营基础上，同类农产品的生产经营者，同类农业生产经营服务的提供者和利用者，自愿联合、民主管理的互助性经济组织。这种新的组织形式不仅是农业生产力发展的要求和结果，它对农业产业化的承载能力、分工协作能力、动员组织能力和科技推广能力表明，农民合作经济组织也是一种新型的农村生产力①。

首先，农民合作经济组织作为联结市场和农户的中介，承载并推动了农业产业化的发展。农民合作经济组织改变了单家独户进入市场势单力薄的弱势地位，使个体的农业生产经营者在微观的层面上结合起来，以较高的组织化程度、理顺的组织结构和适度的规模进入市场。在农业产业链构建过程中，农民合作经济组织作为农民自己的组织，建立起生产、加工、销售一体化的合作体系，实行分户生产、合作加工，在拉长的农业生产经营链条中确保农产品的高附加值都归于农民。

其次，农民专业合作经济组织使个体农户联结成有力的群体，获得分工协作的生产力。专业化的农民合作经济组织，以专业经营项目为纽带把分散的农户联结起来形成横向的区域规模效应，可以在生产中应用现代农业机械和现代农业技术展开分工协作；在生产资料供应和农产品销售上以规模优势降低成本，改变和影响市场结构，获得市场谈判的有利地位；专业化的农民合作经济组织，在获得横向的区域规模优势后，必然朝该项目的高度化和精深化方向发展，我国农产品领域中的"名、特、优"品，绝大多数是凭借农民经济合作组织展开专业化经营的结果。

最后，农民合作经济组织还可以从政治、社会的多个角度发挥所具有

---

① 郭铁民、席晓丽：《农民经济合作组织也是一种生产力》，《光明日报》2007 年 5 月 22 日。

的动员力、组织力和整合力。农民合作经济组织的组建和运作，可以加强农业与工业、服务业的联系和交流，融洽农村干群关系，促进参与式发展，培养农民的民主意识，提高自我管理能力。随着农村综合改革的深入，农民合作经济组织作为农民以经济利益为纽带聚合而成的一种稳定的社区、地域内的自组织，随着经济功能的完善和制度建设的成熟，应该在维护农民利益过程中发挥其经济、政治、社会的综合功能。

主要参考文献

论著部分

杨治：《产业经济学导论》，人民大学出版社 1985 年版。

[日] 植草益：《产业织组论》，卢东斌译，中国人民大学出版社 1988 年版。

[美] 科斯、诺斯：《财产权利与制度变迁》，上海人民出版社 1994 年版。

[美] 法布尔：《产业经济学前沿问题》，于立等译，中国证券出版社 2000 年版。

王振中：《中国产业发展前沿问题》，上海人民出版社 2003 年版。

张磊：《产业融合与互联网管制》，上海财经大学出版社 2001 年版。

张耀辉：《产业创新的理论探索》，中国计划出版社 2002 年版。

周振华：《信息化与产业融合》，上海人民出版社 2003 年版。

马健：《产业融合论》，南京大学出版社 2006 年版。

丙明杰等：《产业链整合》，复旦大学出版社 2006 年版。

于刃刚等：《产业融合论》，人民出版社 2006 年版。

论文部分

周振华：《信息化进程中的产业融合研究》，《经济学动态》2002 年第 6 期。

厉无畏：《产业融合与产业创新》，《上海管理科学》2002 年第 4 期。

刘金山：《市场协调农业产业链的一种探索》，《上海经济研究》2002 年第 3 期。

周振华：《产业发展及经济增长的新动力》，《中国工业经济》2003 年第 4 期。

周振华：《论信息化中的产业融合类型》，《上海经济研究》2004 年第 2 期。

周振华：《产业融合拓展化的过程及其基本含义》，《社会科学》2004 年第 5 期。

于刃刚等：《产业融合对产业组织政策的影响》，《财贸经济》2004 年第 10 期。

王雅鹏：《论中国农业产业链构建》，《湛江师范学院学报》2004年第4期。

王凯：《中国农业产业链的组织形式》，《现代经济与探讨》2004年第11期。

缪匡华：《马克思分工理论及其现代意义》，《科学社会主义》2005年第4期。

王阳等：《农业产业链战略的选择机制分析》，《中国农村经济》2005年第10期。

李美云：《国外产业融合研究新进展》，《外国经济与管理》2005年第12期。

余东华：《产业融合与产业组织结构优化》，《天津社会科学》2005年第3期。

郁义鸿：《产业链类型与产业链效率基准》，《中国工业经济》2005年第2期。

马健：《产业融合识别的理论探讨》，《社会科学辑刊》2005年第3期。

刘茂松等：《信息经济时代的产业组织模块化》，《中国工业经济》2005年第8期。

林民盾等：《产业融合：横向产业研究》，《中国工业经济》2006年第2期。

何立胜：《产业融合与产业转型》，《河南师范大学学报（哲社版）》2006年第4期。

刘贵富：《产业链研究现状综合述评》，《农业技术经济》2006年第4期。

韩小明：《对于产业融合问题的理论研究》，《教学与研究》2006年第6期。

丙明杰等：《产业链整合理论述评》，《产业经济研究》2006年第3期。

吴金明等：《产业链形成机制研究》，《中国工业经济》2006年第4期。

报告部分

中华人民共和国农业部：《中国农业发展报告》，（2000、2006、2007）。

中国社会科学院：《中国农业和农村经济发展蓝皮书》，（2008、2009）。